Gabriela d'Albert

Wecke die Macht in dir

Gabriela d'Albert

Wecke die Macht in dir

Hexentipps und Zauberweisheit für mehr Power und Selbstvertrauen

**Du bist, was Hexenwissen angeht,
kein Greenhorn mehr?
Du möchtest zur Quelle deiner Macht vordringen?
Dann lies!**

Der mächtigste Zauber wird dir nicht helfen, wenn du nicht selbst
die wahre Macht in dir gefunden hast. Macht zu benutzen heißt
aber noch lange nicht mächtig zu sein! Nur wenn du die Macht
nicht nur benutzt, sondern von ihr getragen wirst, kannst du dauer-
haft glücklich und erfolgreich sein.

VORWORT

Dieses Buch beschreibt nicht zuletzt meinen eigenen Lebensweg. Heute frage ich mich bisweilen, ob ich mir nicht einige Irrwege und leidvolle Erlebnisse hätte ersparen können. Aber immer wieder komme ich zu dem Schluss, dass alles, was mir passiert ist, positives wie negatives, letztlich doch einen Sinn hatte. Das soll aber andererseits nicht bedeuten, dass nun alle Menschen immer wieder die gleichen Leiden durchleben müssen. Ich glaube daran, dass die Menschheit sich als Gesamtes zu einem höheren Bewusstsein hin entwickelt. Ich sehe meine Kinder Sebastian (12) und Jasmin (9) mit ähnlichen Problemen und Nöten kämpfen, wie ich sie in diesem Alter hatte. Heute kann ich ihnen Geschichten erzählen, wahre Geschichten, die direkt mit ihrem Leben und ihren Problemen zu tun haben. Und im Grunde ist es ja doch immer der gleiche Kampf, dem sich die zu entfaltende Seele stellen muss: Die Balance zwischen lieben und geliebt werden:

- **Wer bin ich, wer möchte ich sein, und wie kann ich mich selbst lieben und verstehen?**
- **Wann bin ich Egoist und wann lasse ich mich ausnutzen?**
- **Wie kann ich mich und meine Bedürfnisse so ausdrücken, dass meine Eltern, meine Freunde und die Menschen in meinem Umfeld mich wirklich verstehen?**
- **Wie kann ich all die Aufgaben im Leben meistern, ohne massiven Stress zu haben?**
- **Und wie lerne ich es, mich gleichzeitig zu entfalten, zu öffnen und zu schützen?**

Die Lösungen zu all diesen Fragen trägt prinzipiell jeder Mensch mehr oder minder verborgen in sich selbst. Ich bezeichne diese Kraft im Buch als „Macht". Je mehr du lernst, deine Kraft einzusetzen, je bewusster du dir über deine Möglichkeiten bist, umso größer ist auch deine Verantwortung dir selbst und deinen Mitmenschen gegenüber. Wenn du deine Selbsterkenntnis schulst, wird automatisch deine Ausstrahlung, dein Charisma wachsen. Und das ist dann wirklich echte Macht, die du besitzt. Diese Macht kann dich unter Umständen auch in materieller Hinsicht weit bringen. Aber weltlicher Erfolg und persönliches Glück ist nicht dasselbe. – In diesem Buch wirst du erfahren, was gemeinsam mit deiner Macht noch in dir wachsen muss, damit du nicht nur erfolgreich, sondern auch glücklich sein kannst.

Kurze Fallbeispiele erläutern dir im Buch den Weg zu deiner wahren Macht. Mit zahlreichen Übungen hast du genügend Möglichkeiten, die Theorie im Alltag auszuprobieren. Den Weg zur Quelle deiner inneren Macht, habe ich in vier Schritte gegliedert:

- **Erkenne dich selbst!** Enttarne deine Selbsttäuschung und irrige Vorstellungen.

- **Anerkenne, was ist!** Erkenne deine Wünsche und Bedürfnisse, deine ureigene Wahrheit und Lebensrealität und nimm sie an.

- **Menschenkenntnis und Empathie erlernen!** Gewinne Selbsterkenntnis durch Menschenkenntnis.

- **Finde zur Quelle der eigenen Macht!** Lerne, die Quelle der Macht durch verinnerlichte Bilder und Atemübungen zu spüren.

In diesem Buch findest du auch einige kleine Geschichten und Fallbeispiele, die dir zeigen, wie sehr unser Alltag mit unbewussten Mustern angefüllt ist. Psychologie, Magie und Spiritualität sind eben ganz und gar nichts Abstraktes und irgendwo weit weg: Ich glaube eher, das ist einfach unser Leben.

Also – nur Mut! Mach dich auf den Weg!

Gabriela d'Albert

Einleitung

Für viele ist aber gar nicht so klar, was Charisma eigentlich bedeutet. Die Meinungen darüber gehen jedenfalls auseinander, wie es meine Umfrage zeigt, denn ich fragte verschiedene Menschen: „Was verstehst du unter Charisma?"

Julia, 17 Jahre, aus Köln: „Ich glaube, Charisma ist angeboren. Das ist so eine Art Selbstsicherheit, die manche Menschen einfach draufhaben ..."
Stefan, 18 Jahre, aus Dortmund: „Charisma? Das ist doch, wenn irgendwelche Diktatoren heiße Reden schwingen und das ganze Volk jubelt ihnen zu, oder?"
Lars, 18 Jahre, aus Dortmund: „Charisma? Ist das nicht eine neue Girlgroup?"
Vera, 16 Jahre, aus Berlin: „... also, wenn du mich fragst, die Love Parade – da kannste seh'n, was Charisma ist. Dort gibt es einfach jede Menge Leute, die mittendrin sind und alle anderen mitreißen mit ihrer Power. Das ist für mich Charisma!"
Jasmin, 16 Jahre, aus Köln: „Ich finde, Anastacia hat Charisma, sie ist einfach etwas Besonderes!"

WER CHARISMA HAT, HAT'S LEICHTER

Wer sich seiner inneren Macht bewusst ist, entwickelt eine Ausstrahlung, einen Magnetismus, den man Charisma nennt. Aber was bedeutet eigentlich „Charisma" und „innere Macht besitzen" wirklich? Etwa, andere um den Finger wickeln zu können? Der Welt etwas vorzuspielen, um seine eigenen Ziele besser durchsetzen zu können? – Das meint es ganz bestimmt nicht. Charisma ist vielmehr ein Licht, das von innen her strahlt. Es ist eine Begeisterung, die andere ansteckt.

Echte Macht kann auch niemals aufgesetzt sein. Aufgesetzte Macht zerbröselt wie getrockneter Ton in deiner Hand. Sobald eine Krise eintritt, wird die lebendige Kraft, die Beweglichkeit, fehlen. Und genau diese Lebendigkeit ist notwendig, um wirklich kreativ die eigenen Angelegenheiten zu regeln. Ein Blender wird andere Blender zuhauf anziehen. Aber auch wenn die vielen Blender gemeinsam eine Super-Party feiern können, gibt es immer einen Morgen danach mit tierischen Kopfschmerzen. Echte innere Stärke aber ist kein vorübergehender Rausch, kein zeitlich begrenzter Taumel der Gefühle. Sie ist die Grundlage für dauerhaften Erfolg und die Garantie, echte Freunde im Leben zu finden mit katerfreiem Spaßfaktor.

Wahrscheinlich ist das Wort Charisma auf die griechische Göttin der Anmut „Charis" zurückzuführen. Im griechischen Sprachgebrauch meint „charis" auch soviel wie „erfreulich". Charisma ist also nicht nur etwas, das jemand **besitzt**, es ist vor allem auch etwas, was jemand **verschenkt**. Der charismatische Mensch lebt also nicht eingeigelt in seiner kleinkarierten Welt, sondern ist vielmehr in der Lage, seine Gefühle mit anderen Menschen zu teilen. Er kann seine Lebenslust großzügig verschenken, denn er lebt ja direkt an der Quelle. Darum fühlen sich andere von charismatischen Persönlichkeiten auch so magisch angezogen.

Es gibt aber auch zahlreiche Beispiele von Menschen, die ihr Charisma missbrauchten, um anderen zu schaden. Diese Menschen waren dazu begabt, nicht das Feuer der Liebe und der Freude zu entfachen, sondern das Feuer des Hasses und der Gewalt. Auch lässt sich immer wieder beobachten, dass ein künstliches Charisma von klugen Werbestrategen geschaffen wird, um z. B. einen Star aufzubauen und zu vermarkten. Ein künstliches Charisma aber ist hohl, und die Künstler sind dieser Rolle nicht wirklich gewachsen. Drogenmissbrauch, Selbstmord und psychische Probleme können die Folge eines aufgesetzten Star-Charismas sein.

Charisma an sich ist also weder gut noch böse. Auf die jeweilige Persönlichkeit und deren Absichten und Werte im Leben kommt es schlussendlich an, ob diese Kraft aufbauend oder zerstörerisch wirkt. Positiv wirkendes Charisma muss jedoch immer von innen aufgebaut werden, sonst fehlt die tragende Substanz.

Ausstrahlung, Magnetismus, das gewisse Etwas – manche haben es einfach, aber andere können es in sich wecken!

Am Beispiel von Caroline, 17 Jahre, aus Köln lässt sich gut erkennen, wie ein energieraubender Teufelskreis funktioniert und die Quelle der Kraft immer mehr zugeschüttet wird. Als ich sie traf, war sie von großer Unzufriedenheit erfüllt.

Caroline: „Wenn ich genügend Taschengeld hätte, könnte ich mir auch so tolle Klamotten leisten wie Ramona. So habe ich aber immer von vornherein verloren, und irgendwie werde ich von den anderen ausgeschlossen."

Gabriela d'Albert: „Was bedeutet das, du wirst ausgeschlossen? Laden dich die anderen nicht ein, wenn eine Fete steigt, oder geben sie dir zu verstehen, dass du unerwünscht bist?"

Caroline: „Nein, ganz so krass ist das nicht. Aber wenn ich dann da hingehe, sitze ich meist alleine rum, und keiner kümmert sich um mich. Aber um Ramona reißen sich alle. Die hat ja auch immer die besten Klamotten ..."

G. d'A.: „Kannst du mir näher erklären, was du damit meinst, wenn du sagst, die anderen kümmern sich nicht um dich?"

Caroline: „Ja, ich meine, ... die anderen stehen zusammen und lachen und reden, und ich sitze mit meiner Cola den ganzen Abend alleine in der Ecke. Denen bin ich irgendwie egal, mich sieht einfach keiner ..."

Das Gefühl zu haben von anderen übersehen zu werden und scheinbar unsichtbar zu sein, kann sehr frustrierend sein. Und die Enttäuschung über diesen Zustand schafft wieder neuen Frust. Dabei sinken Laune und Selbstwertgefühl, und das spüren dann wiederum andere Menschen und halten sich von dem betreffenden Menschen fern. Carolines Problem liegt dabei sehr klar auf der Hand: Ohne Bewusstsein über ihre innere Macht hat sie keine Ausstrahlung, kein Charisma. Und ohne Charisma bekommt sie kein Feedback von anderen und somit keine Selbstbestätigung. Ein Teufelskreis also. Aber wie kann Caroline diesem Teufelskreis entkommen?

Andere, die auch keine bewusste Kenntnis von dem Charisma haben, das in ihnen schlummert (besonders Jungs gehören zu dieser Kategorie), spielen gerne den Entertainer, haben immer eine große Klappe oder versuchen, durch Gewalt andere auf sich aufmerksam zu machen. Es kann sehr schwierig sein, aus so einer Ecke wieder herauszukommen, aber es nicht unmöglich. Mit der Gewissheit, den Weg zu seinem inneren Wesenskern zu kennen, wird es überflüssig, eine Rolle zu spielen. Am Anfang mag das nur manchmal gelingen. Aber sobald du spürst, wie viel Energie unerkannt in dir schlummert, wirst du dich mit dem größten Vergnügen auf den Weg machen, diese Power zu erwecken.

JEDER MENSCH BRAUCHT ANERKENNUNG UND ZUWENDUNG. SICH DAS EINZUGESTEHEN IST SCHRITT NR. 1 AUF DER REISE ZU DEINER INNEREN MACHT.

Zurück zum Gespräch mit Caroline:

G. d'A.: *„Es ist interessant, dass du gerade das Wort „kümmern"
benutzt. Was bedeutet „kümmern" für dich? Wie sollte denn so
eine Party aussehen, damit du auch deinen Spaß hast?"*

Caroline: „... hm, weiß ich nicht. Hab' mir noch gar keine richtigen Gedanken darüber gemacht. Auf jeden Fall möchte ich nicht so ausgeschlossen sein. Die anderen sollten auf mich zugehen. Ich meine, keiner fragt mich, wie es mir geht, was ich fühle und so ..."

G. d'A: „*Und wie ist es, wenn du selbst eine Party gibst und deine Freunde einlädst?*"

Caroline: „Mir ist das mittlerweile zu doof, selbst Partys zu machen. Ich komm' mir von den anderen dann irgendwie verarscht vor. Alle kommen, laden ihre Geschenke bei mir ab und sind nach zwei Stunden wieder verschwunden. Ich sitze dann wie immer alleine da und kann auch alleine den ganzen Dreck wegräumen ..."

SCHRITT NR. 2 IST DIE ERKENNTNIS, DASS NICHT DIE ANDEREN, DIE UMSTÄNDE, DIE ELTERN ODER SONST WAS DIE WIRKLICHE URSACHE MEINES PROBLEMS SIND. DIE WAHRE URSACHE UND AUCH DIE LÖSUNG LIEGEN IN MIR SELBST.

Dieser Satz wirft bei dir sicherlich Fragen auf. Deshalb möchte ich ihn erklären. Natürlich gibt es auch Situationen, in denen du ganz aktiv auch im Außen, in deiner Umgebung, etwas verändern musst. Umstände, die einfach wirklich schwierig sind oder Situationen, die nicht so bleiben können, wie sie sind, weil sie dir schaden. Das Heilsame an der oben genannten Einstellung ist aber, dass du (wie in einer Filminszenierung) selbst die Regie übernehmen kannst. Spielt einer deiner Schauspieler verrückt, lässt du dir von diesem Typen nicht gleich die ganze Filmproduktion verderben. Du suchst nach einem guten Weg, das Problem zu lösen. Du selbst bist hier der Chef. **Du bist der Regisseur in deinem eigenen Film** und niemand sonst. Denn du hast ein größeres Ziel vor Augen als dieser eindimensionale Schauspieler, der nur sich selbst und seinen kleinen Frust mit der Rolle sieht. Du denkst für deinen ganzen Film, den du drehen möchtest. Wenn du das verstehst und einsiehst, bist du nicht mehr das hilflose Opfer irgendwelcher äußerer Umstände.

Carolines wirkliches Problem

Caroline macht nur die anderen für ihre Misere verantwortlich und erwartet, dass man sich um sie kümmert wie um ein kleines Baby. Doch das eigentliche Problem ist, dass sie gar keine Vorstellung davon hat, wie ihr Leben eigentlich ablaufen müsste, damit sie zufrieden ist. Sie hat noch keinen wirklichen Plan, kein echtes positives Ziel. Als Reaktion der Nicht-Beachtung zieht sie sich in ihre Schmoll-Ecke zurück und gibt sich ihren negativen Gefühlen hin. Carolines ganze Energie verliert sich in der Eifersucht auf andere und im Selbstmitleid. Eifersucht und Selbstmitleid und das ewige Fragen nach dem „Warum" in Situationen, die man nicht ändern kann – diese Dinge ziehen Energie von dir ab. Sie bringen dich weg von deiner eigenen Mitte. Was Caroline braucht, ist eine positive Vision von sich selbst und die Fähigkeit, sich selbst zu fühlen. Carolines Problem ist sicher nicht, dass sie nicht genügend Power hat, aber sie verschwendet ihre Energie. Sobald sie lernt, sich selbst richtig wahrzunehmen und ihre innere Kraftquelle zu spüren, wird sie auch niemand mehr übersehen. Ein Mensch, der sich selbst spürt, leuchtet von innen und zieht automatisch das Interesse anderer Menschen auf sich.

Mein Ratschlag an Caroline

Als Einstieg empfehle ich Caroline natürlich die Übung zum Selbstbewusstsein, die ihr am Ende des dritten Kapitels findet. Weiterhin ist es aber einfach wichtig, dass Caroline auch ein körperliches Gefühl für sich selbst bekommt und sich erst einmal so annimmt, wie sie ist. Dazu sind die Übungen **„Ganz da – ganz ich"** und **„Memo-Technik"** im Übungsteil sehr gut geeignet.

Somit ist der **Schritt 3** auf deinem Weg zur Quelle der Macht:

**DER FESTE GLAUBE AN DEINE
INNERE MACHT UND BEWUSSTES ÜBEN,
DIESE MACHT ZU FINDEN UND ZU FESTIGEN.**

Bei diesem Schritt musst du wissen, dass der Mensch gut und auch mächtig in diese Welt hineingeboren wird.

Jeder Mensch ist im Grunde seines Herzens gut. Davon gehen auch viele Glaubensrichtungen, spirituelle Schulen und Traditionen aus. Die Umstände, die sein individuelles, sein persönliches Leben ausmachen, sind seine Prüfungen auf dem Weg des Wachstums und der Reife. Tiefes Erkennen bedeutet, sich mit dem vollen Bewusstsein aller im Leben gemachten Erfahrungen der ureigenen inneren Macht gewahr zu werden. Es bedeutet, die innere Quelle der Macht mehr und mehr freizulegen.

Zum großen Teil sind es Schuldgefühle und Komplexe (zum Beispiel Minderwertigkeitsgefühle), die den Glauben an die innere Macht verhindern. Diese negativen Energien binden viele Kräfte im Menschen und verhindern deren freien Fluss: Kinder, die sich unbewusst ihren Eltern gegenüber schuldig fühlen, Leute, die einem ständig ein schlechtes Gewissen machen und das ausnutzen. Deshalb ist auch ein „reines Gewissen" so wichtig! Lügen verwässern das reine Gewissen und schwächen unseren Glauben an die eigene Macht! (Im Kapitel „Anerkennen was ist" kannst du noch mehr zu diesen Verknüpfungen erfahren.) Du solltest dich jedoch immer daran erinnern, dass die Quelle der Macht in jedem Menschen fließt und letztlich auch alle Menschen miteinander verbindet.

KAPITEL I

ERKENNE DICH SELBST

Selbstbetrug, Selbsttäuschung, irrige Vorstellungen – Trugbilder, die dir den Weg zu deiner inneren Macht versperren

ERKENNE DICH SELBST!

Dieser Satz schmückte einst den Tempeleingang vom berühmten und geheimnisvollen Orakel von Delphi. Das Orakel von Delphi ist dem griechischen Gott Apollon geweiht. Mit Apollon erscheint eine Götterfigur, die den Menschen zum denkenden Bewusstsein anleiten soll: Nicht mehr alleine Gnade oder Ungnade der Götter und der Naturgewalten sind für das menschliche Schicksal verantwortlich. Der Mensch hat die Chance und die Fähigkeit, sein Schicksal selbst in die Hand zu nehmen. *(Dieses Denken hat allerdings einige Geistesschulen begründet, die dann in ein Extrem verfallen sind: Der Mensch wurde zum Mittelpunkt des Universums, dem sich alles andere unterzuordnen hatte.)*
Die geistige Freiheit ist sicher eines der wichtigsten Geschenke der menschlichen Natur. Genauso existiert aber auch die Welt des Unwägbaren, Unergründlichen und Chaotischen. Diese beiden Kräfte, die geistige Freiheit einerseits und das Unwägbare auf der anderen Seite, sind zwei Pole, die sich in Wirklichkeit aber nur scheinbar widersprechen. Macht sich ein Mensch auf den Weg der Selbsterkenntnis, wird er auch lernen, diese Kräfte zu verstehen und für sich zu einem harmonischen Ganzen zusammenzufügen. In dem Orakel von Delphi sind beide Pole enthalten. Der Aufruf an den Menschen, sich selbst zu erkennen, also sein Leben aktiv in die Hand zu nehmen und auf der anderen Seite jenen Faktor X des menschlichen Schicksals, der sich mit dem Verstand alleine nicht berechnen lässt.
Wenn du dich für Orakel interessierst, findest du in **„Das Buch der magischen Rituale"** von **Yan d'Albert,** und in **„Das geheime Hexenorakel aus dem Buch der Schatten"** von **Maja Sonderbergh,** beide **vgs-Verlag**, Orakel, die du selbst durchführen kannst! Menschen, die allgemein als Weise, Heilige oder auch Erleuchtete bezeichnet werden, haben sicher das Tor zum inneren Tempel durchschritten und den scheinbaren Widerspruch zwischen den beiden Gegensätzen in ihrem Herzen aufgelöst. (Im Kapitel: „Finde zur Quelle der eigenen Macht" wirst du zu diesem Thema noch mehr erfahren!)

Aber was heißt das eigentlich: Sich selbst erkennen? Und warum kann man dazu ein Orakel befragen? Ist das alles Quatsch? – Das Fallbeispiel von Maria kann da einiges erhellen:

Maria, 14, hat blondes, mittellanges Haar und trägt es meist offen. Maria ist beliebt, zumindest sieht es auf den ersten Blick so aus. Weil sie einen super Partykeller hat, möchte es sich eigentlich niemand aus der Klasse mit ihr verscherzen. Maria genießt es, so „beliebt" zu sein und verzichtet gerne auf die paar Außenseiter, die das anders sehen. Marias blaue Augen funkeln gewitzt, und durch ihre spitzen Bemerkungen und Lästereien über andere ist sie auch gefürchtet in der Klasse. Außerdem: Maria kann sich Lästereien auch herausnehmen, denn die nächste Fete kommt bestimmt!

Aber aufgepasst Maria! Hochmut kommt vor dem Fall, so drückt es ein uraltes Sprichwort aus. Und mit Maria ist eben genau das passiert:

Spätestens seit das neue Jugendzentrum eröffnet hat, ist ihr Feten-keller nicht mehr angesagt. Und ausgerechnet Susi, über die Maria am liebsten hergezogen ist, ist zur Jugendsprecherin gewählt worden. Ist das Zufall? – Eine alte Hexenweisheit besagt, dass alles, was du tust, sagst und denkst, zu dir zurückkehrt – und zwar um ein Vielfaches verstärkt. Und wer seine Beliebtheit und seine Freundschaften nur auf Kosten anderer aufbaut, der sieht irgendwann einmal ganz schön alt aus. Von Marias so genannten Freunden ist auf jeden Fall jetzt fast niemand mehr übrig. Und da sie sowieso mehr auf Macht benutzen und Angeben als auf echte Freundschaft gesetzt hat, gibt es auch niemanden, der ihr weiterhelfen könnte.

In früheren Zeiten hätte Maria in dieser Situation vielleicht das Ora-kel befragt, um ihren nächsten Schachzug zu planen. Das Orakel von Delphi war das berühmteste und mächtigste seiner Zeit. Herrscher und Könige haben sich an Pythia, die hohe Priesterin gewandt und auf ihre (im Trancezustand) empfangenen Botschaften gebaut. Was auch das eine oder andere Mal schief gegangen ist, da die Fragen-den die oft zweideutigen Antworten nur so gedeutet haben, wie es ihnen passte. Krösus zum Beispiel hatte nämlich den Orakelspruch der Pythia falsch verstanden. Er wollte Gewissheit darüber, ob er ge-gen die Perser siegen würde und Pythia prophezeite ihm, er würde ein großes Reich zerstören. Es stellte sich aber heraus, dass durch sei-nen Kriegszug sein eigenes großes Reich (schutzlos ohne seine Heere) zerstört wurde ... Aber das ist eine andere Geschichte.

Gerade, wenn man sich nicht gerne von irgendjemandem etwas sagen lassen möchte, kann ein Orakel natürlich von Vorteil sein, da man seinen Ratschlag eher annehmen kann. Schlussendlich kann so ein Orakel aber nur eine Krücke sein auf dem möglicherweise schmerzhaften Weg zu echter innerer Einsicht und erspart niemandem den Blick für die Realität.

Marias Chance ist Selbsterkenntnis:

Der einzige Weg für Maria, aus ihrer Misere herauszukommen, ist also, sich selbst zu erkennen und sich nicht weiter etwas vorzumachen. Auch wenn Maria immer sehr cool getan hat – eigentlich hat sie mit ihrer Überheblichkeit nur versucht, ihre Schwächen zu überspielen. Und dass sie ständig über andere abgelästert hat, sollte nur von ihrer eigenen Person ablenken. Ihre wahre Botschaft war immer: „He Leute, schaut bloß nicht auf mich und meine Schwächen, sondern auf den Sündenbock, die Person, über die ich da gerade ablästere".

Ratschlag für Maria:

Maria, schau mal in den Spiegel und suche dir einen Menschen, der sich traut, dir ordentlich die Meinung zu sagen! Das bringt dich mit Sicherheit viel weiter als jeder falsche Freund, der dir immer nur Recht gibt! Ehrlich zu sich selbst zu sein fängt auch damit an, sich der Meinung anderer wirklich zu stellen. Wer anderen etwas vormacht, macht sich meist selbst was vor!
Die Übungen zur Empathie (im Kapitel: „Menschenkenntnis") können Maria sicher weiterhelfen, sich auch mal in andere hineinversetzen zu können und ihren Egoismus zu überwinden.

Zwei mögliche Hilfen zur Selbsterkenntnis

Fachlichen Rat einholen

Der Orakel-Leitsatz „Erkenne dich selbst" ist nicht immer so offensichtlich wie in dem Fall von Maria. Oft gestalten sich die Zusammenhänge viel komplizierter, wir quälen uns mit unbewussten Geschichten herum, die ganz tief in uns sitzen und an deren Ursache wir alleine einfach nicht herankommen. – Und jetzt mal ehrlich, wer versucht schon, seinen Fernsehapparat alleine zu reparieren? Da sucht man sich doch jemanden, der das gelernt hat, einen Profi. Und wer denkt, Berater und Therapeuten seien nur was für „Kranke", liegt voll daneben.

Psychologen, Berater, Jugendhelfer und Familientherapeuten sind auch froh, wenn sich Leute an sie wenden, die noch nicht die ganz großen Probleme haben. Menschen, die ihre Sachen anpacken, bevor sie überhaupt zu einem richtig dicken Problem werden! Manchmal reicht schon ein Gespräch mit einem Profi, das den Kick in die richtige Richtung gibt!

Mit allen Sinnen erleben:
DU BIST, WAS DU ISST!

Genießen und erleben und dabei ganz da sein – ist das normal? Leider eher nicht: Während man Chips futtert und dabei fernsieht, quatscht man noch mit der Freundin und schlürft zwischendurch 'ne Cola. Da kann man schon die Frage, ob die Chips eben mit oder ohne Paprika waren, nicht mehr mit Sicherheit beantworten ...

Prinzipiell ist das ja auch o. k., es sich gut gehen zu lassen, mal abzuhängen, Spaß zu haben.

Aber wenn das Zudröhnen der Normalzustand ist, verkümmern und verkleben die Sinne und du hast quasi Kleister auf deinem Bildschirm: Energieräuber haben leichtes Spiel bei dir, denn die Überflutung der Sinne (Hören, Riechen, Schmecken, Fühlen) macht diese taub.

ES IST DIE STILLE, DIE DIE SINNE SCHÄRFT

Fallstricke auf dem Weg zu dir selbst: Drogen

Menschen, die bestimmte Drogen nehmen, suchen gerade den Zustand der Taubheit und der Betäubung, weil sie den Kontakt zu ihrer inneren Macht verloren haben bzw. irgendetwas diese Verbindung blockiert. Ohne diese innere Macht aber erscheint die Welt kalt und hart, im Extremfall sogar unerträglich. Winter und Schnee sind schön – aber nicht, wenn du keine warmen Kleider hast. Und genauso ist es mit der Wahrnehmung: Ohne den Kontakt zu deiner inneren Kraft hast du das Gefühl, die wahrgenommene Welt schneidet dir wie tausend scharfe Messer in die Haut.

Am Anfang jeder „Drogen-Karriere" betäuben die Drogendämonen diese Empfindung von Kälte und Schmerz und gaukeln dir eine erträglichere Welt vor. Dann aber hast du einem echten Vampir die Tür zu deinem Inneren geöffnet. Einem Vampir, der dir von innen her die Kraft raubt und dich aussaugt. Und jetzt ist es nicht mehr die Wahrnehmung der Wirklichkeit, die weh tut, jetzt ist es der Schrei des Vampirs in deinem Inneren, der mehr und mehr von dieser Droge fordert und dich darum so quält.
So extrem ist das mit Chips und Süßigkeiten natürlich nicht, aber es hat etwas davon.
Nur zum Beispiel: Die meisten Chips-Sorten enthalten Natriumglutamat, einen Geschmacksverstärker, der nicht nur süchtig macht, sondern auch zum Mehr-Essen animiert, de facto also auch dick macht. Hast du das gewusst?
Du kennst das sicher aus eigener Erfahrung: Man kann nicht aufhören, bis die Tüte leer ist, stimmt's? Das Gleiche passiert übrigens auch bei zu viel Salz oder anderen extremen Gewürzen. Auch künstliche Vanille hat es in sich: Vanille ist in sehr vielen Produkten enthalten und wird teilweise schon der Säuglingsnahrung zugesetzt (… als ob Muttermilch nach Vanille schmecken würde …). Vanille hat eine magische, erotisierende Ausstrahlung und findet sich sogar im Tabak als Lockduft wieder! Auch mit Zucker (besonders dem raffinierten Weiß-Zucker) solltest du vorsichtig sein. Zucker ist ein hochkonzentrierter Stoff, der in entsprechender Dosierung die Sinneszellen derart überreizt, dass ganz feine Geschmacksnerven einfach offline gehen. Sie schalten sich also ab und die Geschmacksempfindung wird dadurch gröber. Dafür hat sich dann der **Suchtdämon** eingenistet, der „MEHR, MEHR!!" schreit und dir deine Power abzieht. Das heißt jetzt nicht, dass du gar keine Chips & Co. mehr essen darfst. Aber wenn du weißt, was da passiert, bist du der Chef in deinem Kopf und nicht irgendso ein Suchtdämon.

TIPP: Du kannst ja mal auf die Knabbertüten schauen, da gibt's auch Sorten ohne Natriumglutamat.

Geschmack ist nicht in jedem Fall nur reine Geschmackssache!

Aber merke dir: Ein Suchtdämon kann alles Mögliche als Futter gebrauchen, sogar Magersucht und Eifersucht funktionieren nach diesem Prinzip. Es hilft also nur teilweise, weniger Suchtstoffe zu sich zu nehmen. Die einzig wahre Lösung ist, die Verbindung zu deiner ureigenen Quelle der Macht herzustellen. Nur dann haben Sucht-Dämonen keine Chance!

Checkliste: Hilfreich auf dem Weg zur Selbsterkenntnis

- **bewusste Ernährung**
- **Ruhe erleben**
- **Suchtstoffe meiden (meint auch die Reizüberflutung mit Fernsehen, Musik, Computer!)**
- **immer wieder im Alltag Kontakt zur inneren Macht herstellen (s. S. 28)**
- **sich kompetente Hilfe holen, bevor es richtig brennt**

by Fana!

Folgende Übung ist der Starterkit auf deinem Weg zu deiner inneren Macht. Mit dieser Übung in der Tasche kannst du losziehen und Erfahrungen sammeln:

Erinnere dich!
Übungen zum SELBST-BEWUSSTSEIN

So einfach diese Übungen auch scheinen, sie können dich viele Jahre lang begleiten, und du kannst sie immer weiter ausbauen und verfeinern. Für Übungen aus dem Bereich des Yoga, der magischen Rituale oder anderer spiritueller Schulen ist diese Basisübung eine solide Grundlage und Ergänzung. Nimm dir Zeit für die Übung! Und denke daran, dass es ganz alleine Zeit für dich ist, Zeit, die du verdient hast und die deinem inneren Licht zugute kommt. Es ist Zeit, die dich stärkt. Tu es!

Die Basis-Übung besteht aus 3 Teilen:

Teil A
Dein innerer Tempel

Mache diese Übung nur, wenn du weißt, dass du wirklich ungestört bist und keiner dich stressen kann, zum Beispiel im Bett vor dem Einschlafen. Und wenn dir dabei die Tränen in die Augen treten, lass sie fließen, lass die Schmerzen und den Frust mit den Tränen aus dir raus. Aber weine nicht aus Selbstmitleid. (siehe dazu auch die Übung: „Bewusstes Weinen", Seite 40).
Erinnere dich jetzt an deine innere Macht, an deine Kraft, an deine Stärke.
Erinnerst du dich an ein Erlebnis, das dich wirklich glücklich gemacht hat? Eine Situation zum Beispiel, in der du zufrieden mit dir und der Welt warst, als dir dein Leben einfach rund vorkam? Oder ein Moment tiefer Freude ... oder auch ein Erlebnis der großen Erleichterung. Suche nach einem ganz besonderen Erlebnis, und lass dieses Gefühl wie ein Licht in dir leuchten. Kannst du dir dieses Erlebnis wieder ins Gedächtnis rufen? Versuche, dich jetzt ganz hineinzufühlen! Achte bitte darauf, dass dieses Erlebnis sich nicht mit Schadenfreude oder ähnlich negativen Impulsen mischt, sonst hast du gleich wieder einen Stuhl für Dämonen in deinem Bauch reserviert ...
Mit so einem schönen Gefühl bist du schon ganz nah dran an deinem inneren Tempel. Versuche jetzt, dieses Bild in dir weiterleben zu lassen, wenn du den zweiten Teil der Übung angehst.

Teil B
Atemübung: Zur Quelle der Macht

Um dich mit deiner Mitte zu verbinden, musst du auch deine Mitte fühlen können. Unter dem Kapitel „Übungen" findest du noch weitere, vertiefende Übungen, um deine „Mitte" zu spüren. In dieser Lektion geht es erst einmal darum, einen spontanen Impuls zu nutzen. (Wenn du dich selbst überwindest und in einer schwierigen Situation nicht nur deinen unbewussten Mustern folgst, wirst du ganz automatisch dein Zentrum fühlen können. Dieses Gefühl ist ein sehr starkes und schönes Erlebnis.)

Du trägst noch das schöne Erlebnis in dir, in das du dich hineinversetzt hast. Atme nun ruhig und tief ein und aus. Richte deinen Oberkörper auf und spüre, wie groß du eigentlich bist. Strenge dich nicht beim Atmen an, sondern versuche, die Luft einfach in dich hinein- und wieder hinausströmen zu lassen. Lege deine rechte Hand auf dein Herz, die linke auf deinen Bauch, auf die Magengegend. Spüre, wie die Atemluft in deinen Oberbauch strömt und er sich hebt und senkt. Spüre nach, wo du Verspannungen hast und versuche, diese im Rhythmus deines Atems zu lockern. Denke dabei an folgenden Satz und atme und fühle:

**„GANZ HIER, GANZ ICH,
GANZ MIT MEINER INNEREN KRAFT
VERBUNDEN."**

Teil C
Die Zeit anhalten

Du weißt jetzt ungefähr, wo deine innere Macht zu finden ist und kannst deinen Atem einsetzen.
Jetzt ist es wichtig, dass du lernst, die Zeit anzuhalten und dich im entscheidenden Moment selbst zu beobachten. Sobald du das verbindende Atmen drauf hast, wirst du schnell merken, wie Ereignisse und auch das, was du selbst tust und denkst, manchmal wie in Zeitlupe vor dir ablaufen. Werde zum Beobachter, der nicht mehr nur auf Gedeih und Verderb in das ganze Geschehen verstrickt ist, sondern aus diesem heraustreten kann und schwierige Situationen plötzlich ganz anders bewältigt. An folgendem Beispiel kannst du sehen, was damit gemeint ist:

I

Nehmen wir einmal an, du bist total wütend auf deine Mutter, weil sie mal wieder dein Zimmer auf den Kopf gestellt hat, während du in der Schule warst. Du bist super sauer auf deine Mutter, weil sie einfach so in dein Zimmer geht, ohne zu fragen. Und weil du so wütend bist, willst du gleich zu ihr rennen. – Und wie immer in einer solchen Situation wird es einen Riesenkrach geben. Aber du bist „außer dir" vor Wut, und die Zorn-Dämonen reiben sich die Hände. Denn wenn du „außer dir" bist, bist du nicht im Zentrum deiner Macht. Du lässt deine innere Lebens- und Kraftquelle am Fuß deines inneren Tempels alleine und unbewacht zurück. So hat der Dämon des Zorns Gelegenheit, sich dort breit zu machen und dir Kraft abzuzapfen.

Wenn sich das jetzt für dich gruselig anhört, bedenke, dass es meine Absicht ist, dir diese Bilder als Hilfestellung zu geben, damit du mit ihnen arbeiten kannst.

Aber zurück zu der Geschichte mit deiner Mutter: Sie hat also dein Zimmer ohne deine Erlaubnis betreten und „aufgeräumt". (Sie sagt „aufgeräumt", für dich ist die ganze Aktion ein böswilliger Akt von Zerwühlen und Rumschnüffeln. Das verstehe ich.)

Aber kannst du jetzt diese Situation klären, **ohne** die Dämonen zu füttern?

Nr.1 : Mach dir klar, dass du ein Recht hast, wütend zu sein. Deine Wut ist ein Gefühl, das du hast, und das ist o. k. so. Gefühle sind ganz einfach da oder sie sind nicht da. Nimm deine Gefühle ernst, denn sie haben ihre eigene Realität. Und sie sind prinzipiell weder gut noch schlecht.

Nr.2 : Die große Frage ist aber, ob du Herr bzw. Herrin in deinem Haus bist oder dieser Wutdämon? Im Klartext: Wie setzt du diese Wut jetzt um? Wie bringst du sie in die Welt? Und genau das ist eben des Pudels Kern *(diese Redewendung mit dem Pudel stammt übrigens aus Goethes Schauspiel „Faust". Und wer sich von euch schulbedingt mit diesem zugegeben schwierigen Stoff herumplagt, dem sei ein Trost mit auf den Weg gegeben: Goethes „Faust" steckt voller magischer Weisheit! Aber das ist jetzt wieder eine andere Geschichte).*

Angenommen, du möchtest am Abend bei deiner Freundin übernachten, dann wäre es sehr *unklug* von dir, jetzt einen Streit mit deiner Mutter vom Zaun zu brechen, oder? (Ganz abgesehen von der Tatsache natürlich, dass auch Mütter von zickenden Sprösslingen mal verschont werden dürfen!)

Aber die Wut einfach nur herunterzuschlucken verursacht Magenge-
schwüre oder Ähnliches. Wohin also mit der ganzen Wut? Nun, die
Wut ist im Endeffekt auch nur eine Energie. Diese Energie kann zu
allen möglichen Dingen verwendet werden: Zum Beispiel, um mit
deiner Mutter einen Riesenstreit vom Zaun zu brechen oder um
Mauern einzureißen oder aber auch, um problematische Situationen
elegant zu lösen. Das alles ist eine Frage der „Transformation", eine
Frage der Umwandlung dieser Energie.
Ich gehe einmal davon aus, dass du eben nicht gleich rumbrüllen
und deiner Mutter Stress machen musst. – Schließlich hast du schon
ein bisschen geübt, was „Selbstbeobachtung" und „Erinnere dich"
betrifft und schaffst es, einen Moment lang innezuhalten und dir darüber Gedanken zu machen, was du erreichen willst und wie du es
erreichen kannst.

Sicher ist es nicht immer einfach, aber: Dich selbst zu beobachten
und dir deiner selbst bewusst zu werden ist eine Sache, die du täglich üben kannst. Auf dem Weg zur Schule, im Bus, beim Bummeln
oder wenn du gerade heftig mit deinen Freunden diskutierst. (*Das
heißt, wenn du es schaffst, dich innerhalb einer heißen Diskussion wirklich selbst zu beobachten, dann bist du schon ziemlich gut.*) Sobald du
nicht mehr nur unbewusst in die täglichen Dinge verstrickt bist, wirst
du wach, und Dämonen und Vampire haben keine Gelegenheit
mehr, dich zu überfallen.

DÄMONEN-WELTEN

Übe das Beobachten und Erinnern erst einmal ganz konkret in einer ganz bestimmten Situation, zum Beispiel, wenn du dir das nächste Mal Klamotten aussuchen gehst. Schau dir dabei einfach mal selbst über die Schulter! Was bewegt dich, die Schlaghose zu nehmen und nicht die andere Jeans, die dir doch eigentlich besser gefällt? Sitzt dir da etwa der Kommentar der Klassenzicke im Nacken: „Wo hast du denn die Klamotten rausgezogen?" Nimm die Kommentare, die du im Kopf hast, einfach so an, wie sie kommen. *(Und Achtung vor Sprüchen wie: Mensch bin ich blöd usw. Das sind ganz üble Dämonenfallen, um dich runterzuputzen.)*

Du solltest nicht von dir erwarten, von jetzt auf gleich diese fiese Stimme zum Schweigen zu bringen. Das wäre wirklich zu viel verlangt. Aber du kannst es schaffen, diese Stimme zu entmachten, indem du sie **bewusst** wahrnimmst. Sag dir einfach: O. k., ich habe Stress wegen der Meinung anderer. Das ist jetzt so, und dazu steh ich. Punkt.

Du liest hier manchmal von Dämonen und Vampiren, von Drachen und unsichtbaren Welten ...

... und sicher fragst du dich, ob ich das alles immer so ernst meine.

Prinzipiell bin ich der Auffassung, dass jede wirklich „heilsame" Vorstellung, jeder Glaube, der dem Leben dient, gut und sinnvoll ist. Sobald dir eine Sache, ein Glaube oder auch eine Beziehung aber den Lebensmut rauben, stimmt etwas nicht. Sobald du etwas dergleichen in deinem Leben feststellst, solltest du dich schleunigst da herausziehen und dich auf deine innere Macht besinnen.
Was aber fremde Welten und magische Dimensionen betrifft, die an einigen Stellen in diesem Buch erwähnt werden, da bin ich mir ganz sicher, dass es einiges zwischen Erde und Kosmos gibt, was über unser jetziges „Standard-Wissen" weit hinaus geht. Und manchmal ist es einfach die Frage, wie man solche Dinge benennen möchte, die da weben und wirken ...

Du wirst sehen, dass dann aus diesem hinterlistigen Dämon, der dir ständig im Nacken sitzt, ein harmloser Zwerg wird, der zwar nervt, aber nicht mehr wirklich gefährlich ist.

Sobald du es geschafft hast, diesen einen Moment lang innezuhalten (und das ist wirklich, wie die Zeit anzuhalten) und dich selbst zu beobachten, ist der schwierigste Schritt aus dem Reich der Dämonen in die Welt der freien Menschen getan. *(Für alle ab 16: Der Film „Matrix" bearbeitet genau dieses Thema des „Erwachens" als freier Mensch in Form einer Science-Fiction-Story. In „Matrix" halten nicht Dämonen die Menschheit in einer Scheinwelt gefangen, sondern Außerirdische.)*

Genau dieser kurze Moment, in dem du dich aus der Verstrickung mit der äußeren Welt bewusst losreißt, ist **die** Chance, Kontakt zu deiner inneren Macht aufzunehmen, sie wirklich in dir zu spüren. In spirituellen und magischen Schulen werden viele verschiedene Übungen und Wege gelehrt, diesen Kontakt aufzunehmen. Manche sprechen von einem „inneren Meister", der uns Menschen lehrt, oder auch von einem „inneren Licht", das in jedem Menschen strahlt. Wie immer du **es** nennen möchtest, diesen Kontakt zu pflegen und zu intensivieren ist eine Investition in dein persönliches Glück!

Oft sind es auch schwere Schicksalsschläge im Leben eines Menschen, die ihn zu diesem inneren Licht führen: Unfälle, der Tod naher Angehöriger oder anderer geliebter Menschen können zum Beispiel Auslöser sein, damit sich Menschen auf die Suche machen, denn gerade auch die schweren Schicksalsschläge werfen uns auf das Wesentliche zurück und enthüllen so unser Innerstes.

Und der Atem ist definitiv der Schlüssel zu dieser verborgenen Welt. So wie das Baby durch die Nabelschnur mit der Lebensenergie der Mutter verbunden ist, genauso verbindet der Atem alle geborenen Menschen mit dem Leben. Mehr noch: Der Atem ist auch die Brücke zu deinem inneren Leben. Solange du nicht an ihn denkst, läuft er automatisch ab, genau wie alle unterbewussten Muster und Programme in dir automatisch ablaufen.

KAPITEL II

ANERKENNE WAS IST!

NUR WENN ICH EHRLICH ZU MIR SELBST SEIN KANN, KANN ICH AUCH ANDERE ÜBERZEUGEN, UND NUR DANN BIN ICH WIRKLICH VON INNEN HERAUS ATTRAKTIV.

Es gibt eine wunderbare Szene aus der TV-Serie „Angel – Jäger der Finsternis", die ich hier nacherzählen möchte *(für alle, die Angel nicht kennen: Er ist ein Vampir, der ausgestiegen ist und jetzt als Dämonenjäger im Dienst des Guten arbeitet):*

Angel hat seine große Liebe Darla gerade zum zweiten Mal verloren und ist unglaublich sauer auf die „Anwälte", auf jene Leute, die nach außen hin als Anwälte arbeiten, in Wirklichkeit aber die Handlanger der Dämonenwelt sind. Er setzt alles auf eine Karte, und es gelingt ihm, dem Oberdämon in einer spektakulären Aktion den magischen Ring abzujagen und ihn zu töten. Dieser Ring ist jetzt so viel wie Angels Eintrittskarte ins „Hauptquartier" der Dämonen, direkt in die Schaltstelle der dunklen Macht. Der Chef der „Anwälte" bittet daraufhin Angel, in einen Fahrstuhl einzusteigen. Dieser soll ihn direkt ins Hauptquartier bringen. Angel hat nur noch seine Rache und die endgültige Zerstörung der so genannten Anwälte im Sinn. Zu allem entschlossen steigt er in den Fahrstuhl ein. Ein letztes Mal wirft er einen Blick auf das Treiben in den Straßen: Er sieht einen Penner, der gerade die alten, blechernen Mülltonnen durchwühlt, und nimmt ein Pärchen auf der Straße wahr, das sich heftig streitet. Fast lautlos schließen sich dann die stählernen Türen des Fahrstuhls. Angel dreht den eher unscheinbaren Ring des toten Dämons an seinem Finger. Er hat nicht die geringste Ahnung, was ihn im Hauptquartier erwartet. Eiskalt und auf alles gefasst beobachtet er den dämonischen Chef der Anwälte, wie dieser den untersten Knopf des Fahrstuhls drückt. Der Fahrstuhl setzt sich in Bewegung. Die Spannung steigt. „Warum?" fragt Angel, und seine braunen Augen glühen zornig auf.

Sein Gegenüber mustert ihn mit einem unheimlichen Blick zwischen Aufmerksamkeit und Sarkasmus.

„Warum das alles?" fragt Angel nochmals.

„Sie können uns nicht zerstören, Angel." – Der Tonfall des Anwalts ist fast väterlich. „Wir existieren seit Anbeginn der Zeiten. Vielleicht nicht in dieser Form, aber wir waren immer da, und es wird uns immer geben. Sie führen Krieg gegen uns. Einen sinnlosen Krieg. Für was kämpfen Sie eigentlich, Angel?"

Plötzlich hält der Fahrstuhl. „Wir sind da ..." Das Gesicht des Anwalts verzieht sich zu einem undurchdringlichen Lächeln, unergründlich und mit bösartiger Wehmut. Seine Augen blitzen Angel dämonisch kalt an. Die Tür des Fahrstuhls öffnet sich nur langsam. Angel schaut hinaus und ihm fehlen die Worte ... Er sieht zu dem Anwalt, schaut wieder hinaus, aus dem Fahrstuhl ... Angel kann ein Pärchen hören und sehen, das sich auf der Straße streitet, und erkennt jenen Penner, der schon eben genau an dieser Stelle die Mülltonnen durchwühlt hat ... Er gräbt, haargenau wie ein paar Minuten zuvor, in eben genau der gleichen Mülltonne herum, angetan mit demselben schäbigen grauen Mantel. Es sind exakt die gleichen Szenen wie vorhin, und Angel stellt fest: Das Hauptquartier – es ist die Erde! Das Zentrum der dunklen Macht ist das Hier und Jetzt. Angel streift benommen den Ring vom Finger und lässt ihn achtlos in den Fahrstuhl fallen. Sein Blick wandert zu den Menschen, die über die Straßen eilen. Er beobachtet jetzt zwei Verliebte, die sich umarmen, eine Mutter mit Kind ... und Angel weiß wieder, für was er kämpft und was ihm wirklich wichtig ist. Nicht die Rache, nicht seine Wut und auch nicht die Verzweiflung. Musik ertönt, sein langer, schwarzer Mantel weht (wie immer) im Wind ...

Die bittere Erfahrung also, die Angel machen musste, war die Erkenntnis, dass das Hauptquartier der Dämonen hier auf der Erde ist. Es ist hier und jetzt. Und es gibt nur einen Weg, die Dämonenwelt zu bekämpfen: bei sich selbst mit der Arbeit anzufangen, mit wachem und mitfühlendem Blick auf die Mitmenschen.

Die Dämonen sind schließlich nicht daran interessiert, dass wir uns mit unserem inneren Tempel verbinden. Sie leben ja von unserer Lebensenergie. Sie leben von der Energie, die wir verschwenden, wenn wir unfrei und unbewusst in dieser Welt vor uns hinvegetieren. Ein Mensch jedoch, der im Bewusstsein seiner inneren Macht lebt, ist für einen Dämon wie das Tageslicht für (klassische) Vampire: Sie können in diesem Licht, in dieser Energie nicht existieren und verschwinden einfach. Sie lösen sich auf.

Man muss also nicht „Angel" heißen, um Erfahrungen mit Dämonen-welten zu machen. Täglich gibt es Situationen, in denen wir vor die Wahl gestellt werden: Verdrängen und Dämonen füttern oder Kon-frontieren und ehrlich zu sich selbst sein. Besonders die verdrängten unangenehmen Erlebnisse und Gefühle blockieren deine Energien, wie du am Beispiel von Jessica und Marc erkennen kannst.

Leidvolle Erlebnisse und Gefühle konfrontieren

Fallbeispiel: Jessica und Marc
Seit Marc mit Jessica Schluss gemacht hat, ist sie nicht mehr die Glei-che. Ständig muss sie irgendwen anpflaumen. Und auch gegenüber Marc und seinen Freunden benimmt sie sich ganz schön zickig.
Dabei hat sie das alles erst supercool weggesteckt. Auch ihren Freun-dinnen gegenüber tat sie eher erleichtert, weil Marc jetzt nicht mehr kletten kann. Auf jeden Fall hat sie die Situation immer so dargestellt. Und alle waren erleichtert, dass Jessica anscheinend kein großes Prob-lem damit hatte, dass Marc mit ihr Schluss gemacht hatte. Schließlich ging es mit den beiden schon eine ganze Weile, und beide schienen unzertrennlich: Es war eben die große Liebe.
Jessicas Freunde und Bekannte bringen ihre ständige schlechte Laune deshalb auch gar nicht mehr mit der Sache mit Marc in Verbindung. Alle denken nur langsam, dass Jessica ziemlich rumzickt und ziehen sich von ihr zurück.
Jessica wiederum macht eine fiese Tour von Marc dafür verantwortlich, dass sich plötzlich alle Freunde von ihr fern halten. Sie glaubt, jetzt wo er sich von ihr getrennt hat, spricht er bei anderen schlecht über sie.

Was geht hier ab?

Das wirkliche Problem für alle Beteiligten ist Jessicas coole Tour zu Anfang. Auch für Jessica selbst. Statt sich ihrem Schmerz zu stellen, nachdem die Freundschaft mit Marc zerbrochen ist, tat sie so, als würde sie das gar nicht berühren. Dabei ist Trauer wichtig. Unbewusst möchte sie Marc mit ihrer Gleichgültigkeit bestrafen. Aber mit dieser Methode ist sie nicht ehrlich zu sich selbst. Sie verleugnet dabei ihre wahren Gefühle. Und wenn Gefühle, egal ob Trauer oder Wut, Liebe oder Hass, nicht direkt und bewusst ausgedrückt werden, kommen sie auf den seltsamsten und auch auf den unangenehmsten Wegen ans Licht.

Gesetz vom Weg der Gefühle:
UNTERDRÜCKTE GEFÜHLE FINDEN IMMER EINEN WEG, SICH AUSZUDRÜCKEN. WENN SICH UNTERDRÜCKTE GEFÜHLE SELBST EINEN WEG SUCHEN MÜSSEN, UM SICH ZU OFFENBAREN, STIFTEN SIE MEISTENS VERWIRRUNG UND/ODER LEID.

Wenn dir dieser Mechanismus erst einmal klar ist, hast du einen wichtigen Schritt auf dem Weg der Selbsterkenntnis getan. Du kannst dich jetzt daran machen, den Tatsachen ins Auge zu blicken, denn du weißt: Wegschauen bringt überhaupt nichts!

Wie wende ich nun das „Gesetz vom Weg der Gefühle" im Alltag an?

Die Psyche des Menschen ist vielschichtig und komplex. Auch das, was ich hier Dämonen und Geistwesen nenne, gehört in einem bestimmten Umfang zur normalen Komplexität (Vielschichtigkeit) des Menschen dazu. Schließlich leben auch Bakterien und Pilze in und auf unserem Körper und schaden uns normalerweise nicht. Das falsche Bakterium aber am falschen Platz oder einfach zu viele davon, können uns ganz schön Probleme machen. Mit unserer Psyche verhält es sich nicht anders.

Wir können uns den Menschen und seine Persönlichkeit wie ein großes Appartementhaus vorstellen. Jede einzelne Wohnung verkörpert einen bestimmten Aspekt unseres Lebens. Probleme gibt's dann, wenn in manche Wohnungen kein Licht hineinfällt und sich niemand um die Wohnung kümmert. Dann haben wir dort einen blinden Fleck, eine Stelle, die wir nicht sehen können. Und da das ja unsere Wohnanlage ist, ist es sicher auch ein Fleck, den wir nicht sehen *wollen.* Ansonsten haben diese verschiedenen Persönlichkeitsschichten ihre nützlichen Funktionen: Der unentbehrliche Hausmeistertyp, der vielleicht unserem Opa gleicht, der dynamische Börsianer, der uns immer wieder durch seine abgebrühte Geschäftigkeit überrascht. Oder auch die wilde, rebellische Hexe, die gerade heutzutage wieder gezeigt werden darf.

Angestaute Gefühle sind auf seelisch geistiger Ebene vergleichbar mit schmutzigem Schlamm oder auch mit klebrigem Ruß. Diese Pampe verklebt die Fenster unserer Appartementwohnungen, so dass kein

Sonnenlicht mehr hineinfallen kann. (Licht steht hier für bewusstes Sehen und Erkennen.) Schiebe ich also Dinge, die ich nicht sehen oder wahrhaben will, ständig in ein Hinterzimmer ab, gammelt der alte Kram vor sich hin, und es entsteht ein idealer Spielplatz für Mäuse, Ratten und Vampire. Und wer seine Abstellkammern nie entrümpelt, hat bald kein bewohnbares Appartementhaus mehr, sondern nur noch eine Müllhalde, die von wilden Zombie-Gangs regiert wird. Natürlich können dir alle Erklärungen, Bilder und Geschichten nur ein Fenster öffnen, durch das du einen Blick in diese Zusammenhänge werfen kannst. Um aber wirklich zu verstehen, was ich ausdrücken möchte, ist es notwendig, dass du dem Wirken vom *Gesetz der Gefühle* in dir nachspürst. Solange du das nicht selbst erfährst, wird eine kleine freche Stimme in dir immer wieder rufen: *„Ach was soll denn dieses ganze Nachdenken und Nachspüren, so schlecht geht es mir doch gar nicht mit meinen verdrängten Gefühlen."* Kennst du diese dämonische Stimme?

Es scheinen am Tor zum Inneren Tempel
zwei Wächter zu stehen:
DER EINE IST DER GLÜCKS-DRACHE, URGEWALTIG, ABER WEISE UND VOLLER GÜTE. DER ANDERE, AUF DER GEGENÜBERLIEGENDEN SEITE DER TÜR, ABER IST JENER GEFÄHRLICHE DRACHE, DER DICH UM JEDEN PREIS FERN HALTEN MÖCHTE VON DEINEM INNEREN TEMPEL. DIESER DÄMONISCHE DRACHE LENKT DICH VON DEINER QUELLE DER MACHT AB, DIE ZU FÜSSEN DEINES INNEREN TEMPELS FLIESST. ER UNTERNIMMT ALLES, DAMIT DU DICH NICHT SELBST ERKENNEN KANNST. DAMIT DU ES NIEMALS SCHAFFST, DEIN EIGENES SPIEGELBILD AUF DEM REINEN WASSER DEINER INNEREN QUELLE ANZUSCHAUEN.

Mit dem Verdrängen von Bedürfnissen und Gefühlen schüttest du deine Quelle der Macht mit Schmutz zu. Aber ebenso wie das Wasser, bahnen sich Gefühle immer einen Weg ans Licht, ins Bewusstsein und auch ins reale Leben.

Wer also seine Persönlichkeit stärken und Klarheit und Charisma gewinnen möchte, muss den Durchblick behalten und „sauber" bleiben!

Um dir erst einmal den groben „Schmutz" von der Seele zu waschen, kannst du die Kraft deiner Tränen nutzen:

Bewusstes Weinen: Eine echte Chance, Blockaden zu überwinden

Anerkennen und akzeptieren, was wirklich Sache ist – das ist eine der schwierigsten Herausforderungen für Menschen auf dem Weg der Erkenntnis. Weder in Panik davonzulaufen noch wie wild dagegen anzurennen und auch nicht die Dinge schönzureden – das ist eine echte Kunst. Enttäuschungen und Verletzungen, die verdrängt worden sind, unerfüllte Träume und Wunschvorstellungen, ignoriertes Leid und unterdrückte Schmerzen vernebeln den Blick für das, was wirklich ist.

Darum ist auch das Weinen so wichtig. Angestaute Emotionen und Gefühle entladen sich beim bewussten Weinen. Lakrimologen (so heißen die Wissenschaftler, die sich mit der Erforschung der Tränen beschäftigen, Lacrima: lat. Träne) haben den Vorgang rund um die Tränen und das Weinen bis heute nicht vollständig erforschen können. Interessant sind die Entdeckungen des amerikanischen Lakrimologen und Biochemikers W. H. Frey, der herausgefunden hat, dass das Weinen eine Ausscheidungsfunktion besitzt wie das Urinieren, der Stuhlgang und das Schwitzen. (In Nepal sagt man in der Umgangssprache zum Weinen auch „aus den Augen pinkeln".)

Lakrimologen unterscheiden weiter auch verschiedene Arten von Tränen: Tränen, die das Auge schützen und feucht halten, Tränen, die Fremdkörper aus dem Auge schwemmen, oder auch Tränen, die auf reizende Substanzen wie Zwiebelgeruch reagieren. Und dann gibt es noch die Tränen, die aus emotionalen Gründen vergossen werden. Dabei wurde festgestellt, dass Tränen, die aus Trauer, Wut, Mitleid, Schmerz und ähnlichen Gefühlen heraus geweint werden, eine andere Zusammensetzung haben als andere Tränen.

Es muss also noch etwas Besonderes zum „normalen" Weinen hinzukommen, wenn wir aus emotionalen Gründen weinen.

Das kann eigentlich jeder für sich selbst auch nachvollziehen, denn nach dem Weinen fühlt man sich besser, geklärter und auch irgendwie wacher. Vorausgesetzt allerdings, dass man „richtig" weint. Die so genannten Krokodilstränen, also die Tränen, die man nicht ernst meint, und Tränen, die nur aus reinem Selbstmitleid vergossen werden, sind Tränen für die ewig hungrigen Dämonenbäuche. Dieses Weinen kostet dich deine ganze Kraft und lässt dich leer und ausgehöhlt zurück. Reinigendes Weinen aber spült für dich ganz deutlich fühlbar emotionalen Müll aus dir heraus und befreit.

Also: Wenn dir mal wieder richtig zum Heulen zu Mute ist – unterdrücke es nicht! Lass die Tränen fließen, das wird dir gut tun. Folgende Affirmation hat mir immer sehr gut geholfen, die Kraft der reinigenden Tränen zu nutzen:

Affirmation beim Weinen (by Fana!)

Meine Schmerzen
gelöst
im heilenden
Meer
meiner Kraft
meiner Liebe

loslassen,
verzeihen.

Und wenn du das Gefühl hast, dass sich schon lange Zeit etwas in dir angestaut hat, du aber einfach nicht richtig daran kommst: Bist schon einmal ins Kino gegangen, *um so richtig loszuheulen*? (Noch besser ist die Wirkung dieses befreienden Weinens, wenn du vorher viel trinkst, Wasser oder Tee, dann wird der ganze Körper gleich richtig durchgespült).

„WAS SEIFE FÜR DEN KÖRPER IST, DAS SIND DIE TRÄNEN FÜR DIE SEELE"
Jüdisches Sprichwort

Natürlich hat jeder so seine ganz persönlichen Tricks drauf, unangenehme Dinge unter den Teppich zu kehren. Dennoch lassen sich vier Haupttypen unterscheiden. Mit Hilfe des nachfolgenden Tests kannst du selbst herausfinden, welcher Typ du bist.

Persönlichkeits-Test: **Welcher Konfrontations-Typ bist du?**

❶ Du bekommst einen Brief. Aufgrund des Absenders ahnst du schon, dass diese Post nichts Gutes bedeuten kann ...

A. Du legst den Brief erst mal auf Eis und isst eine Pizza.

B. Als du den Brief siehst, kriegst du einen Riesenschreck. Dein Herz schlägt bis zum Hals. Völlig aufgewühlt und fast schon in Panik läufst du in deinem Zimmer hin und her. Dann fällt dir zum Glück plötzlich ein, dass du erst mal eine Freundin anrufen könntest.

C. Du atmest tief durch und sorgst dafür, den Brief in aller Ruhe studieren zu können.

D. Du liest den Brief und bist dann so gefrustet, dass du dich den ganzen Tag nicht mehr aus deinem Zimmer traust.

❷ Du möchtest zu einer Party. Dein neues Shirt, das du am Abend zuvor in die Waschmaschine gesteckt hast, ist total hin: Es ist eingelaufen, der Aufdruck ist verfärbt.

A. Du machst deine Mutter dafür verantwortlich, schließlich hat sie die Waschmaschine angeschaltet. Dann verkrümelst du dich auf dein Zimmer, setzt die Kopfhörer auf und ziehst dir eine CD rein.

B. Du kriegst einen Wutanfall und räumst deinen ganzen Kleiderschrank aus. Dabei veranstaltest du ein Riesenchaos.

C. Mit einem gezielten, kräftigen Ausruf „ ... ach du Scheiße!", machst du dir erst mal richtig Luft und überlegst dann eine andere Lösung.

D. Nachdem du dich ausgeheult hast, bist du total down. Und hätte dich nicht zufällig deine Freundin angerufen und überredet, doch unbedingt trotzdem zur Party zu kommen, wärst du am Abend zu Hause geblieben.

❸ Deine beste Freundin schreibt dir einen ziemlich unangenehmen Brief. Sie will erfahren haben, dass du jemandem wichtige Details ausgeplaudert hast. Und das, obwohl sie dich eindringlich gebeten hat, es für dich zu behalten. Das Ganze ist natürlich oberpeinlich!

A. Du überfliegst den Brief nur kurz, zuckst mit den Schultern und denkst, dass sie sich schon wieder einkriegen wird.

B. Sofort rennst du zum Telefon und machst allen möglichen Leuten Stress, weil du versuchst, herauszubekommen, wer da nicht dichtgehalten hat.

C. Ohne zu zögern machst du mit deiner Freundin ein Date aus, um die Sache zu klären.

D. Dein erster Gedanke ist: „Jetzt ist alles aus! Meine beste Freundin will nichts mehr von mir wissen. Die Freundschaft ist gestorben."

④ Dein Klassenlehrer hat dich völlig zu Unrecht zu einer Strafarbeit verdonnert.

A. Du grinst über das ganze Gesicht und tust so, als sei dir das völlig egal. Im Geheimen hoffst du, dass dir deine Freundin bei der Erledigung der Strafarbeit helfen wird.

B. Natürlich legst du sofort lautstarken Protest ein. Dieser wird aber von deinem Lehrer abgewürgt, indem er die Strafe noch erhöht. Du kochst innerlich und kannst dich den ganzen Tag nicht darüber beruhigen.

C. Auch wenn es dir schwerfällt, reißt du dich für den noch verbleibenden Rest der Stunde zusammen und benimmst dich unauffällig. Nach der Stunde wartest du auf den passenden Moment, um mit dem Lehrer noch mal über die Sache zu reden.

D. Nach diesem Vorfall bekommst du den ganzen Tag den Mund nicht mehr auf und leidest innerlich unter der grenzenlosen Ungerechtigkeit dieser schnöden Welt.

⑤ Du hast heute Nachmittag ein wichtiges Date. Kurz bevor du das Haus verlassen möchtest, stellst du fest, dass der Reißverschluss an deiner Jeans nicht mehr richtig zugeht. Wie reagierst du?

A. Du ziehst du dich rasch um und knallst die Hose verärgert in die hinterste Ecke deines Zimmers. Dort wirst du sie später einfach vergessen, frei nach dem Motto: „Aus den Augen, aus dem Sinn!"

B. Du zerrst und reißt so lange an dem verflixten Reißverschluss herum, bis er endgültig hinüber ist. Deine Finger sind jetzt ganz wund von dem Rumgezerre und natürlich kommst du zu spät zu deiner Verabredung.

C. Ohne groß zu überlegen wechselst du die Klamotten. Die Hose legst du oben auf den Schreibtisch, damit du später nicht vergisst, dich um die Reparatur zu kümmern. Das Wichtigste ist ja jetzt schließlich dein Date und nicht diese blöde Hose.

D. Auch du ziehst und zerrst wie eine Verrückte an dem Reißverschluss. Dabei bist du total verzweifelt und in Tränen aufgelöst. Aber alles Heulen bringt nichts. Du hast nur deine Zeit unnütz verplempert und deshalb kommst du auch zu spät zu deinem Date.

Bei welchem Typ hast du die meisten Häkchen?

Typ A:

Vermeiden und Aufschieben

Du schiebst unangenehme Dinge gerne vor dir her oder sogar lieber gleich unter den Teppich. Typisch für dich ist es auch, Rechnungen und Post ungeöffnet übereinander zu stapeln. Besonders ins Geld geht das bei Mahnungen aus der Bücherei oder Videothek. Da kann so manches Sümmchen zusammenkommen. Auch deine Freunde bekommen die Krise, wenn du wieder einmal einer Konfrontation aus dem Weg gehst. Manche Dinge müssen nun einmal ausdiskutiert werden. Natürlich hat **jeder** mehr oder minder so einen **Vermeider** in sich sitzen, aber wer sehr ausgeprägt dazu neigt, sollte sich einige Strategien aneignen, die helfen, den inneren Schweinehund zu überwinden.

Tipp: Fertige dir einen Laufzettel an!
(Die Technik von Managern, die nun wirklich viel um die Ohren haben.)

Neben dem Terminplaner stehen auf diesem Zettel alle wichtigen Dinge, die unbedingt erledigt werden müssen. Den Laufzettel teilst du in verschiedene Bereiche ein. Zum Beispiel: Schule, Privates, Freunde, Erledigungen, Einkäufe usw. (Ganz wichtige Dinge kannst du auch rot unterstreichen.) Vor jedem Punkt machst du dann ein kleines Kästchen zum abhaken. So behältst du den Überblick. Und der Laufzettel kann zur Gewohnheit werden wie Haare waschen oder Rasieren.

Typ B

Überreaktion

Du bekommst manchmal einen Wutanfall oder machst den Superstress – und später tut es dir vielleicht Leid? Dann bist du der Typ, der dazu neigt überzureagieren. Meistens wird die Situation ja auch nicht besser durch solche Panik-Attacken. Aber ich glaube, das weißt du auch selbst. Der nächste Schritt ist also, eine passende Gegenstrategie zu finden und einzuüben. Denn mit echter Konfrontation hat Panikmache auch nichts zu tun.

Besonders die Atemübungen in diesem Buch können dir helfen, nicht bei jeder Schwierigkeit gleich den Boden unter den Füßen zu verlieren.

Typ C

Direkte, systematische Konfrontation

Also wenn du das im wirklichen Leben immer so cool hinbekommst, herzlichen Glückwunsch! Du bist auf dem richtigen Weg. Dennoch kann es nicht schaden, die eigenen Fähigkeiten weiter auszubauen und zu stärken. Und vor allem: Schau dir noch mal ganz genau an, wie es um deine Gefühle steht. Bist du ganz sicher, dass du da nichts unterdrückst und schluckst, nur um cool auszusehen? Manche, die auf den ersten Blick cool wirken, sind in Wirklichkeit ein getarntes Pulverfass; bereit, einmal tierisch zu explodieren.

Typ D

Der depressive Typ

Im Prinzip gilt für dich das Gleiche wie für den Überreagierer. Ihr beiden seid quasi zwei entgegengesetzte Pole derselben Problematik. Der Überreagierer verlagert seinen Stress, seine Aggressionen nach außen und du richtest sie gegen dich selbst. Und auch für dich sind irgendwelche Schwierigkeiten gleich ein kleiner Weltuntergang. Genauso wie Typ A fütterst du mit deiner Power nur die räuberischen Dämonen. Wichtig ist also auch für dich, deine Energie zu transformieren und sinnvoll zu nutzen, denn davon hast du jede Menge!

Das bewusste Weinen und eine gute Selbsteinschätzung sind der Anfang, um deine Energien wieder zum Fließen zu bringen. Jetzt hast du einen ersten Durchblick und kannst auch kompliziertere Verflechtungen in Angriff nehmen: Energie-Blockaden zum Beispiel, die durch unheilvolle Vorstellungen entstehen und deren Ursachen bis in die Kindheit zurückreichen können.

Entmachte unheilvolle Vorstellungen!

Es gibt bei jedem Menschen negative Zaubersprüche, die ihn täglich begleiten. Jetzt ist es wichtig, diese aufzuspüren und zu neutralisieren.

Kommen dir folgende Sprüche irgendwie bekannt vor?

„ ... du bist doch noch zu blöd, um dir die einfachsten Dinge zu merken ...“

„ ... ich kann das einfach nicht ...“

„ ... du stellst dich immer so dumm an ...“

„ ... Andreas pass auf – du fällst noch von der Leiter und brichst dir das Bein ...“

„ ... aus dir kann ja nichts Anständiges werden ...“

„ ... jedes Mal, wenn ich das und das tue, dann passiert mir das ...“

„ ... du bist wie der Onkel Fritz, genauso stur und aggressiv. Und schau dir an, was aus dem geworden ist ...“

Jeder kennt diese Sprüche, aber wem ist schon wirklich bewusst, wie groß ihre Macht ist?
Negative Zaubersprüche versenken sich wie kleine Anker in unserem Unterbewusstsein und wirken. Das kannst du dir in etwa so wie Herpes-Viren vorstellen: Auch wenn sie nicht direkt ausbrechen, so haben sie sich doch in unseren Zellen eingenistet. Und sobald wir in eine verletzbare Situation geraten, brechen sie hervor und stiften Unheil. In der Sprache der Magie bezeichnet man solche unheilvollen Sprüche als „schwarzmagisch“.
Dabei gibt es zwei Arten von negativen Zaubersprüchen (wenn du ein Computerfreak bist, kannst du statt „Zaubersprüchen“ auch „Programmierungen“ sagen. Diese Sprüche sind in etwa vergleichbar mit den allseits beliebten Trojanern, die dir das ganze System kontrollieren und lahmlegen können):

1. Sprüche, die wir laut oder leise zu uns selbst sagen
2. Sprüche, die andere zu uns sagen:

> A) Vergleichend, bewertend, einordnend (z. B.: Du bist immer
> so nachlässig! Du bist wie dein Vater! Du kannst nie auf-
> passen!)

> B) Negative Zukunftsprognosen (z. B.: Gleich fällst du von
> der Leiter und brichst dir den Arm! Du kommst später
> bestimmt unter die Räder!)

Oft verwandeln sich dabei die Sätze, die wir vor allem in der Kindheit ständig gehört haben, und werden zu Sprüchen, die wir laut
oder leise zu uns selbst sagen: So sagt z. B. eine Mutter zu ihrem
Kind immer, wenn ihm ein Missgeschick geschieht: „Dir passiert das
immer wieder! Du kannst einfach nicht aufpassen." Später dann,
wenn dieses Kind erwachsen ist, wird es in solchen Situationen zu
sich selbst sagen: „ ... ach, ich kann einfach nicht aufpassen!"
Es gibt sogar sehr viele Leute, die diese Selbstgespräche auch laut
führen, und vielleicht hast du dich auch schon einmal selbst dabei
ertappt, dass du etwas wie „Mensch, was bin ich blöd!" zu dir sag-
test.
Wenn die Bezugspersonen, mit denen das Kind viel Zeit verbringt,
ihren Unmut zusätzlich noch mit lautem Gebrüll oder sogar Schlä-
gen verstärken, steigt die Wahrscheinlichkeit, dass diesem Kind auch
tatsächlich überdurchschnittlich viele Missgeschicke geschehen. Einige dieser schwarzen Zaubersprüche sitzen sogar so tief, dass du sie
nur mit erfahrener Hilfe entmachten kannst. (Eine geeignete Methode ist hier die *systemische Familientherapie*.) Im Übungsteil des Buches
findest du unter der Überschrift: „MEMO-TECHNIK" auch einige
positive Zaubersprüche, zugeordnet zu den jeweils passenden Situationen. Diese auswendig zu lernen wäre zum Umprogrammieren
sinnvoll. Zumindest solltest du sie dir aber öfter durchlesen.
Aber bevor du jetzt total sauer über deine Eltern bist und sie mit Vor-
würfen wegen ihrer Erziehung überschüttest, lies bitte weiter!
Ich glaube nicht, dass es irgendeinen Erzieher gibt, der keine Fehler
macht. Denn Fehler sind menschlich. Und ich bin auch davon über-
zeugt, dass deine Eltern, die dich lieben, niemals mit böser Absicht
solche Dinge sagen. Die Menschheit befindet sich eben meiner Meinung nach auf der langen Reise namens „Bewusstseinsentfaltung".
Mehr und mehr Zusammenhänge werden überhaupt heute erst

bekannt. Bis die Erkenntnisse einiger weniger dann Allgemeingut werden, ziehen oft wieder Generationen ins Land. Und selbst wenn der Kopf weiß, was falsch und was richtig ist, ist noch ein sehr langer Weg mit Lernen und Üben zurückzulegen. In diesem Zusammenhang bedauere ich es sehr, dass das Wissen um diese grundlegenden Dinge des Lebens immer noch nicht in den Schulen gelehrt wird. Ich glaube sehr wohl daran, dass junge Menschen die Fähigkeit haben, mit diesem Wissen umzugehen und es zu nutzen. Wie wäre es mit einem Schulfach namens „Lebenskunde"? Doch bis dahin muss jeder für sich selbst entscheiden, ob er die Muster seiner Familie transformieren (also verwandeln) oder ob er sie an seine eigenen Kinder weitergeben möchte. Jede Familie hat ihre eigenen Geschichten und Verwicklungen. **Das Fantastische an diesen Verflechtungen ist: Sobald ein Glied der Familie seine Verflechtungen entwirrt, hat das Auswirkungen auf die gesamte restliche Familie.**

Am Beispiel der 20-jährigen Ilka kannst du dir ein Bild von einer solchen Verflechtung machen:

Ilka hat ein Problem mit Jungs. Sie lässt sich immer total vereinnahmen und kann nicht „Nein" sagen. Dabei fühlt sie sich aber auch sehr unfrei und unglücklich. Sie ist jedoch nicht fähig, mit ihren Freunden darüber zu reden und Grenzen zu ziehen. Aus lauter Panik vor intensiven Freundschaften bricht sie deshalb jede Beziehung nach sehr kurzer Zeit wieder ab. Das Problem konnte sie alleine nicht bewältigen und so gab ich ihr den Tipp, es doch mit einer systemischen Familienaufstellung zu versuchen. Dort stellte sich dann Folgendes heraus: Ilka fühlt sich stark zu ihrem Vater hingezogen. Ilkas Mutter aber lehnt ihren Ehemann (also Ilkas Vater) innerlich ab. Sie hat ihn nicht wirklich aus Liebe geheiratet, sondern ist in diese Beziehung irgendwie „hineingeschlittert". Ilkas Mutter warnte sie immer wieder davor, nicht den erstbesten Mann zu nehmen. Die arme Ilka befindet sich aufgrund dieser Situation in der Zwickmühle: Auf der einen Seite führt sie das Muster der Mutter fort und ist nicht wirklich fähig, zu ihren eigenen Wünschen und Bedürfnissen zu stehen. Auf der anderen Seite spukt ihr aber auch immer die Warnung ihrer Mutter im Kopf herum. Und um allen Verwicklungen die Krone aufzusetzen, ist da ja noch ihre Zuneigung zum (von der Mutter ungeliebten) Vater.

Was bei einer **systemischen Familienaufstellung** nun wirklich an Gefühlsarbeit passiert, ist eigentlich nicht mit Worten zu erklären. Diese Aufstellung ist ein lebendiger Prozess, in dessen Verlauf du ganz unmittelbar erlebst, was in dir und deiner Familie eigentlich abgeht, denn entscheidend ist das bewusste Erspüren von Zusammenhängen, Verwicklungen und Blockaden.

Damit du dir ein Bild vom Ablauf einer solchen Aufstellung machen kannst, hier eine

Kurzfassung vom Ablauf einer systemischen Familienaufstellung:

Stell dir einmal einen Raum vor, der etwa so groß ist wie ein Klassenzimmer. Dort willst du nun deine Familie aufstellen. Etwa 20 Leute sitzen im Halbkreis auf Stühlen. Vor ihnen ist ein großer freier Platz und dort steht auch der Therapeut, der die Aufstellung anleitet. Er wird dich auffordern, nach einem ausgeklügelten System deine eigene Familie mit Personen aus dem Publikum aufzustellen. Und es ist wirklich verblüffend: Diese wildfremden Menschen, die in der Regel noch nicht einmal deinen vollen Namen kennen, empfinden tatsächlich die Spannungen, die auch in deiner echten Familie herrschen. Ich habe sogar mit Leuten gesprochen, die plötzlich an den Körperstellen ein ungutes Gefühl hatten, an denen die „echten" Familienmitglieder unter Verletzungen, Operationen oder ähnlichem litten. Das klingt verrückt, aber es scheint ein Feld zu existieren, das alle Menschen innerhalb einer familiären Beziehung nach festgelegten Gesetzen verbindet. Und dieses Feld wirkt auf alle Mitglieder – sowohl im Guten als auch im Schlechten! Und dieses Feld vergisst nichts – besonders auch keine ungeliebten, verstorbenen oder ausgestoßenen Verwandten. Und wenn Ilka es schafft, an ihrem Problem zu arbeiten, wird ihre Befreiung auch Auswirkungen auf Mutter, Vater und auf das komplette Familiensystem haben.

II

Auch **Method Acting** ist z. B. so eine Methode für Schauspieler, die mit Emotionen arbeiten. Sie wird auch in Deutschland gelehrt. Sie arbeitet allerdings nicht nur mit diesen unsichtbaren Feldern wie die Familienaufstellung, sondern lehrt verschiedene Methoden der Emotionserfahrung. Dadurch kommen die Darsteller dann auch wirklich sehr glaubhaft an. Schwierig ist es allerdings, sich nicht in den aufgewühlten Emotionen der Rolle zu verlieren. Ich weiß noch, wie ausgepowert ich nach den ersten Film-Aufnahmen war! Ich war total müde und fühlte mich richtig leer. Beim nächsten Mal hatte ich dann allerdings besser vorgesorgt: Mit Atemübungen, Mantren und Bachblüten zum Zentrieren.

Mit natürlichen Blütenkräften das seelische Gleichgewicht unterstützen

Rescue-Tropfen (*Bachblüten Notfalltropfen*) helfen, in allen besonders kritischen Situationen (Unfälle, Prüfungsstress usw.) in der eigenen Mitte zu bleiben. Die Gefahr, aus der eigenen Mitte gerissen zu werden, um dann ein leichtes Opfer für Energievampire zu werden, ist in solchen Situationen sehr groß. Bachblüten helfen erstaunlich schnell, die eigenen Kräfte wieder zu harmonisieren. Voraussetzung ist natürlich, dass du prinzipiell für die sanfte Kraft der Bachblüten offen bist. Wenn deine Nerven und Sinnesorgane allerdings durch andere Reiz- und Giftstoffe verklebt oder überlastet sind, kann es passieren, dass sich die zarten Blütenkräfte nicht richtig entfalten können und du sie nicht spürst. **Übrigens: Bachblüten und Notfalltropfen haben keine Nebenwirkungen und sind ein reines Naturprodukt!** Bachblüten werden sogar für Schwangere und Babys empfohlen. Darüberhinaus setzt man sie auch für die Behandlung der besonders sensiblen Vollblutpferde ein. (Diese Anmerkung an alle, die behaupten, die Bachblütenwirkung wäre reine Einbildung!) Es lohnt sich also, mal ein Buch über Bachblüten in die Hand zu nehmen.

MENSCHEN-KENNTNIS

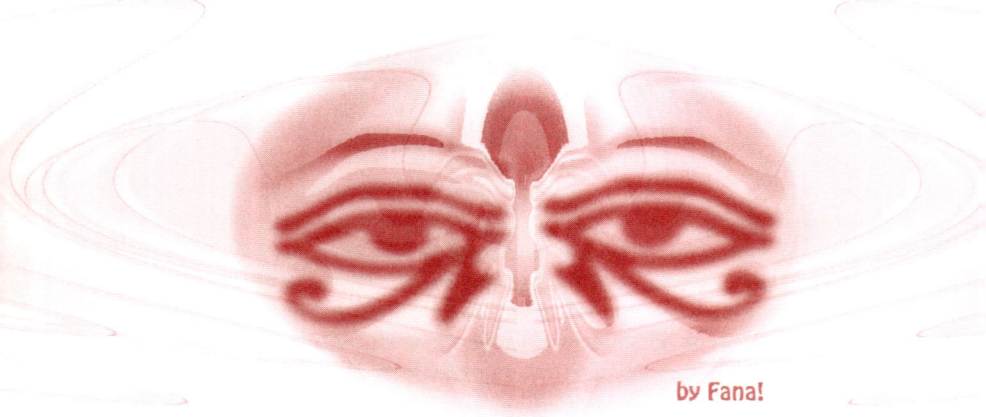

by Fana!

„„**I**ch suchte und forschte, um dein wahres Wesen zu
ergründen und erkannte schließlich mich in dir.**"
(by Fana!)

Positiv eingesetzte Menschenkenntnis verbessert die Verständigung
der Menschen untereinander und hilft, Missverständnissen und Kon-
flikten vorzubeugen. Sie verschafft dir eindeutig einen Vorsprung im
Miteinander und stärkt dein Selbstbewusstsein. Ein Buch, das dir
allerdings verspricht, von jetzt auf gleich eine umfassende Menschenkenntnis zu erlangen, würde ich mit aller Vorsicht behandeln. Menschenkenntnis ist eine Kunst, die viel Übung, Wissen und Erfahrung
voraussetzt.
Ich beschäftige mich jetzt schon seit Jahren mit diesem Thema, aber
während ich so die Fachliteratur studiert habe, verließ mich manchmal fast der Mut, darüber zu schreiben, so vielfältig ist das Wissen
über Charakter, Aussehen und Typologie. Und viele Psychologen,
Professoren und Therapeuten schreiben derart kompliziert und tro-
cken über dieses spannende Thema, dass einem die Lust am Studieren vergehen kann. Ich möchte dich deshalb bitten, meine Ausfüh-
rungen nur als einen kleinen Ausflug in die Welt der Menschenkenntnis zu begreifen. Auf keinen Fall soll die sehr knapp gefasste Typologisierung dazu verführen, vorschnelle Urteile über andere zu fällen.
Sieh es einfach als eine lockere Übung an, deine Beobachtungsgabe
zu schulen, dann kann nichts schief gehen! Im Gegenteil: Du wirst
wacher für die Signale deiner Mitmenschen und lernst, genauer hin-
zuschauen.

Und bevor du dich daran setzt, Menschen in eine Schublade einzu-
ordnen, bitte ich dich, diese drei Punkte zu beherzigen:

1. Die Gesamterscheinung der Person

Äußere Merkmale (Körperbau, Lippenform etc.) können die Grund-
richtung eines menschlichen Charakters skizzieren. Entscheidend ist
aber letztlich, was dieser betreffende Mensch aus sich und seinem
Leben gemacht hat. Wie geht diese Person mit ihren Anlagen um?
Hat sie an sich selbst gearbeitet oder hat sie sich einfach gehen lassen
und gesagt: „Nun, ich bin halt so!"? Mit welchen Schwierigkeiten

und Problemen wurde sie konfrontiert, und wie hat sie diese Schwierigkeiten gemeistert? Natürlich hinterlassen schmerzhafte Ereignisse auch Spuren im Gesicht und in der Erscheinung eines Menschen. Vielleicht hat aber gerade die bewusste Auseinandersetzung mit dieser Schwierigkeit eine große seelische Tiefe erzeugt. Deshalb ist es ganz besonders wichtig, neben den einzelnen Details immer auch den Gesamteindruck einer Person vor Augen zu haben. Und oft sind es nicht die sofort ins Auge springenden Besonderheiten, die einen Menschen charakterisieren, sondern kleine, ganz individuelle Details.

2. In der eigenen Mitte sein, ist die Grundvoraussetzung

Ein Fernseher kann nur dann ein Programm empfangen, wenn die Antenne ordentlich funktioniert und ausgerichtet ist. Das soll heißen: Wenn du Nebel in deinem Kopf hast oder schlecht drauf bist, wirst du auch andere Leute negativer bzw. einseitiger beurteilen. Aber nicht nur deine momentane Gemütsverfassung, sondern auch der generelle Stand deiner Selbsterkenntnis sind ausschlaggebend für deine angewandte Menschenkenntnis. Einer, der seine Angst total verdrängt, wird sie mit Sicherheit ständig in anderen Leuten entdecken wollen (Spiegelprinzip).
Du hast dann quasi einen „blinden Fleck" und kannst Dinge bei dir einfach nicht erkennen. (Der Ausdruck „blinder Fleck" kommt aus der Anatomie, dem Aufbau des Auges: Dort, wo der Sehnerv ist, befinden sich nämlich keine Sehrezeptoren, und an dieser Stelle kann man auch nicht sehen.) Das kann so weit gehen, dass man in den anderen alles mögliche hineinprojiziert (*projizieren/Projektor, hier: Ein Bild in jemanden hineindeuten, zum Beispiel die eigenen Unzulänglichkeiten, den Vater oder die Mutter*). Spirituelle Schulen geben ihren Schülern deshalb oft den Hinweis, die Mitmenschen und ihr Verhalten uns gegenüber als eine Art Spiegelbild zu begreifen, von dem wir Rückschlüsse auf unser eigenes Verhalten ziehen können.
Der falsche Mechanismus der Projektion lässt sich übrigens mehr oder minder an jedem feststellen! Also kein Grund zur Panik. Ein Problem wird das nur, wenn man selbst oder andere darunter leiden. Dann sollte man sich nach Hilfe umsehen. Solche unbewussten Verhaltensmuster können auch in **Partnerschaften** zu einem großen Problem werden und oft genug spielen sich gerade dort richtige Dramen ab – vor allem, wenn es um das Thema Gewalt und Macht geht: Zum Beispiel, wenn sich ein Mädchen, das als Kind vom Vater geschlagen wurde, unbewusst einen Freund aussucht, der ihrem

Vater gleicht und sie auch unterdrückt oder sogar schlägt. Auch in gleichgeschlechtlichen Freundschaften kommen diese Spielchen vor. Du kennst das Phänomen bestimmt aus **Gaunerkomödien**: Der böse, reiche, schlaue und gut aussehende Oberganove hat immer einen kleineren, schmutzigen und tölpelhaften Gehilfen an der Seite. Dem schiebt er dann regelmäßig die Schuld in die Schuhe, und das Publikum lacht sich darüber kaputt. Der tölpelhafte Gehilfe wiederum hat so wenig **Selbstvertrauen**, dass er es nicht wagt, seinem Boss die Meinung zu sagen. Und irgendwie braucht er die Unterdrückung durch seinen Boss auch, weil er denkt, alleine nicht klarzukommen. Oder aber der Gehilfe verehrt seinen Chef über alle Maßen. Vielleicht projiziert der Gehilfe selbst ja auch wieder ein Bild auf seinen Boss. Das Bild seines großen starken Vaters zum Beispiel. Garantiert aber hat der kleine Gauner seine eigene innere Macht nicht gefunden (der Oberganove übrigens auch nicht, sonst hätte er es nicht nötig, den Macker zu spielen).

Mir ist oft aufgefallen, dass Menschen, die einen ausgeprägten Hang zur Projektion haben, immer einen Partner finden, mit dem sie sich in ein kleines „Theaterstück" verwickeln können.

So lange zumindest, bis sie diese Projektion als solche erkannt haben.

3. Unbewusste Vorurteile

Normalerweise sind Menschen eine **Mischung aus verschiedenen Charaktertypen**. Sie weisen also sowohl Merkmale des einen als auch eines oder sogar mehrerer anderer Typen auf. Schwierig wird die Einschätzung eines Menschen dann, wenn du auf deinen so genannten „Gegentypus" triffst. Passt du da nicht auf, kann es zu einer unbewussten **„Primitiv-Reaktion"** kommen: Automatisch siehst du nur die negative Seite dieses Typus und lehnst ihn konsequent ab. Aber auch der umgekehrte Fall ist denkbar: Du bist so voller Komplexe und hast von vornherein schon einen Hals gegen Menschen, die deinem Typus entsprechen. Dann läufst du Gefahr, deinen „Gegentyp" völlig unkritisch anzuhimmeln und gar nicht zu merken, dass er oder sie auch negative Charakterzüge aufweist. Auch wenn du schon mal nähere Erfahrungen mit einem bestimmten Typus gemacht hast, kann dich das in deiner objektiven Betrachtung beeinflussen.

Sobald du dir der Fallstricke bewusst bist, lösen sich viele Voreingenommenheiten auch schon wieder auf. Sei also wachsam!

Nachfolgend habe ich eine Typologisierung nach den vier Elementen vorgenommen. Die Einteilung nach den vier Elementen ist deshalb sinnvoll, weil du mit ein wenig Übung auch rein intuitiv die Typenentsprechungen erfassen kannst. Im Kapitel: „Empathie entwickeln" findest du verschiedene Übungen, die deine Intuition trainieren. Auch den Sternzeichen sind bestimmte Elemente zugeordnet:

Erde: Stier, Jungfrau, Steinbock
Feuer: Widder, Löwe, Schütze
Wasser: Krebs, Skorpion, Fische
Luft: Zwilling, Waage, Wassermann

Die Elemente sind Qualitäten, die du sicher schon aus deiner magischen Arbeit kennst. Ihr Charakter ist sehr universell. Dir wird vielleicht auffallen, dass das Element „Äther" von mir nicht typologisiert wurde. Für mich entspricht der Äther in diesem Zusammenhang dem „Spirit", jenem Geist also, der alle Menschen miteinander verbindet. Der Äther, oder eben Spirit, ist quasi jenes reine Wasser der Quelle der Macht. Wäschst du dir mit diesem reinen Wasser die Augen, wirst du von alleine erkennen, verstehen und lieben. Aber erst mal muss ja diese Quelle ausgebuddelt werden, nicht wahr?

Typeneinteilung nach den vier Elementen

Element Erde

Grundenergie: Gelassen. **Charaktereigenschaft:** Bodenständig. **Ausdrucksstärke:** Tat. **Gestaltende Kraft:** Formbildend.

Bild: Der ruhige, wenig gesprächige Mr. Cool. Kompromisse sind nicht eben seine Stärke. Das handelt ihm den Ruf ein, ein Sturkopf zu sein. Dafür weiß aber jeder, dass man sich auf ihn verlassen kann. Sein Wort gilt, und was er zusagt, wird erledigt. Im Musikgeschäft ist er der grüblerische Bassist im Hintergrund, der nicht gerne Interviews gibt. Oder auch der Charakterdarsteller, der keine großen Affären hat und sein Geld lieber in Immobilien investiert.
Äußerlich: Er hat einen Körperbau mit betontem Knochenbau, breit und eckig. Seine Stirn ist oft gerunzelt, die Nasen- und Stirnfalten sind ausgeprägt. Die Mundwinkel tendieren nach unten, seine Bewegungen sind bedächtig, die Mimik ist sparsam. Hinzu kommt ein schreitender, erdiger Gang.

Positiv *Mensch ist in seiner Mitte*	**Negativ** *Mensch ist im Ungleichgewicht*
konsequent	sturköpfig
beständig	unflexibel
verfolgt Ziele beharrlich	Mangel an Eigeninitiative
ausdauernd	verbissen
gerade heraus	unsensibel
fürsorglich	aufopfernd bis zur Selbst- verleumdung
Mensch der Tat	
Realitätssinn	Mangel an kreativem Mut
genau	fantasielos
zuverlässig	Kleinkrämerei
Gewohnheitsmensch	Paragraphenreiter
schwer zu manipulieren	Gewohnheitsmensch
	schwer zu überzeugen

So kommst du am besten mit einem Erde-Typ klar

Lasse ihr bzw. ihm Zeit. Erwarte keine kreativen Blitzeinfälle, das entspricht einfach nicht dem Temperament des Erde-Typs. Wenn du dich an diese Regel halten kannst, wirst du einen guten und sehr zuverlässigen Freund finden. Und solltest du mit einem Erde-Typ zusammenarbeiten: Gib ihm klar umrissene Aufgaben. Der Erde-Typ muss einfach wissen, woran er ist und was er zu tun hat. Dann kann er ungeahnte Kräfte entwickeln und mit enormer Power Projekte ausbauen und durchziehen.

Wenn du selbst ein Erde-Typ bist

Auch wenn es für dich manchmal tierisch schwer sein wird, nimm auch mal einen guten Rat an! Bevorzugte Düfte: Blütendüfte wie z. B. Jasmin und Rose. Auch Zitrusdüfte können dir manchmal helfen, den Kopf freizubekommen. An Räucherungen würde ich vor allem Kampfer und helles Räucherwerk wie Dammar und Eritrea-Weihrauch empfehlen.

Element Feuer

Grundenergie: Impulsiv. **Charaktereigenschaft:** Heißblütig.
Ausdrucksstärke: Wille. **Gestaltende Kraft:** Energie.

Bild: Der *Feuer-Typ* ist der flammende Redner, der initiative Manager,
der erbarmungslose Herrscher. Als Künstler ist er ein wilder sexy Power-
typ (*z. B. Robby Williams*), der Kopf einer Rockband (*Mick Jagger ist
hier ein sehr gutes Beispiel*), die charismatische Popqueen (*Madonna*),
der männerfressende Vamp oder das quirlige Energiebündel (*Kylie
Minogue*).

Äußerlich: Der Feuer-Typ ist schlank und drahtig mit starkem Kinn,
ausgeprägten Ohren, hoher Stirn und eher ovalem, länglichem Kopf.
Oft hat er eher kleine Augen, starke Augenbrauen, einen schmalen,
meist zusammengekniffenem Mund und vertikale Stirnfalten. Auch
eine ausgeprägte Falte von der Nase zum Mund ist oft anzutreffen.

Eigenschaften:

Positiv *Temperament ist im Gleichgewicht*	Negativ *Temperament ist im Ungleichgewicht*
viel Power	streitsüchtiger Hitzkopf
mitreißende Begeisterung	explodiert leicht
Mut	Draufgänger
guter Worker	übertriebener Ehrgeiz
Kämpfernatur	Neigung zur Gewalt
leidenschaftlicher Liebhaber	auch leidenschaftlich im Hassen
kreativ	Zerstörungswut
anspruchsvoll	Geltungsdrang
selbstständig	eigensinnig
initiativ	dominant
Pioniergeist	fällt es schwer, „Schüler" zu sein
	reagiert auf Vorschriften allergisch

So kommst du am besten mit einem Feuer-Typ klar

Nicht provozieren (= unnötig reizen), du könntest sonst schnell Opfer eines donnernden Vulkanausbruchs werden. Der Feuer-Typ braucht das Gefühl, etwas Besonderes zu sein. Lob und Bestätigung kann man nicht oft genug wiederholen. (Wenn man dem anderen nichts vorheuchelt oder rumschleimt, ist es doch o.k., auf die besonderen Bedürfnisse einzugehen. Das kostet höchstens etwas Überwindung und Denkarbeit. Also: Gib dem Affen ruhig Zucker, das heißt, solange er dann nicht abhebt.) Sachliche Argumente und vernünftige Gespräche sind mit dem Feuertyp während einer „Erregungsphase" nicht möglich. Warte, bis das Feuer verraucht ist, dann geht's besser. Rede nicht um den heißen Brei herum, denn der Feuer-Typ mag keine Umwege und keinen Zickzack-Kurs. Er wird dir auch genauso und ohne Umschweife deine Fragen beantworten. Solltest du Freunde haben, die eher den Feuer-Typ verkörpern: Bemühe dich, nicht zu klammern! Sie brauchen viel Freiraum und hassen es, manipuliert oder sogar kontrolliert zu werden. Ein gewisser innerer Abstand wird auch wiederum dich davor schützen, vom Feuer-Typ vereinnahmt und beherrscht zu werden.

Und wenn du selbst ein Feuer-Typ bist

Vermeide ganz besonders Alkohol, auch in kleinen Mengen. Er verstärkt (*übrigens nicht nur beim Feuer-Typ!*) die Aggressionsbereitschaft und Leichtsinnigkeit. Auch scharfe Gewürze, Zwiebeln, Knoblauch und Fleischgenuss kurbeln das Feuer weiter an. Gute Düfte für dich sind Rose, Sandelholz, Lavendel und Weihrauch-Räucherungen mit zarten Düften wie z. B. Mastix oder Sandarak.
Wenn du mal wieder auf 180 bist: Bevor du explodierst und jemandem an den Kragen gehst, hier die Atemübung *„cool down"*:

1. Spüre nach, wo du überall verspannt und verkrampft bist. Durch bewusstes Ein- und Ausatmen lösen sich deine Verspannungen und die Zornesfalten entspannen sich. Versuche, die flache Atmung (Brustatmung) bis in den Bauch hinein zu vertiefen.
2. Atme durch die Nase langsam ein und durch den Mund aus. Mache den Mund dabei etwas spitz, so als wolltest du pfeifen. Dadurch entsteht ein leichter Widerstand beim Ausatmen. Du hörst deinen Atem quasi zischen.
3. Das Bild, das du dir vorstellen kannst: Mit deinem Ausatmen verlässt die Wut deinen Köper. Du atmest frische, reine Kraft ein. Das Feuer verlässt deinen Körper.

Element Wasser

Grundenergie: Aufnehmend. **Charaktereigenschaft:** Fließende Anpassungsfähigkeit. **Gestaltende Kraft:** Sinngebung.

Bild: Der Wasser-Typ empfindet die Welt als flimmerndes, farbenfrohes Toben, das ihn ständig in Anspruch nimmt, ihn aber nicht wirklich teilhaben lässt an all der Fülle. Der Schmerz über sein vermeintliches Ausgeschlossensein und vor allem sein Leiden an der Gleichgültigkeit der Menschen vermiesen ihm die Stimmung. Darum kommt es nicht selten vor, dass der Wasser-Typ endlos über sein Elend jammert und damit auch andere schlecht drauf bringt. Nur wenn es der Wasser-Typ schafft, aus seiner oberflächlichen Wehmut in die Tiefe seiner Seele zu gelangen, kann er seine eigentliche Kraft entfalten. Dann ist er ein mitfühlendes Wesen, das reich ist an einfühlendem Verständnis für seine Umwelt. Bleibt der Wasser-Typ jedoch in seinem Selbstmitleid stecken, und traut er sich nicht, seinem Weltschmerz wirklich ins Auge zu schauen, bleibt er weichlich und träge. Dieser Schritt vom stillen Leiden zur konkreten Tat macht den Wassermenschen dann zu einem ganz besonders hilfreichen Menschenfreund. Und genau dieser Schritt in die Welt wird auch sein stilles, quälendes Vor-sich-hin-Leiden oder seine schlappe, selbstgerechte Oberflächlichkeit zum Guten wenden. Reine Wasser-Typen sind im Showbusiness eher hinter der Bühne zu finden, da sie sehr introvertiert (in sich gekehrt) sind. Als „Mischformen" kommen in Frage: Marilyn Monroe (die mit einem Schuss Feuer-Typ und dem Sternzeichen Zwilling in einer echten Zwickmühle war), ebenso wie Elvis Presley, ein Luft-Feuer-Typ, dessen Wasser-Typ-Anteile die Tragik seines Lebens symbolisieren.
Auch wenn Stefan Raab auf den ersten Blick in seinem Temperament eher ein Gemisch aus Luft- und Feuer-Typ offenbart, so verrät seine Erscheinung auch den Wasser-Typ. Und es kann gut möglich sein, dass er seine nicht zu Ende gefühlte Schöngeistigkeit durch beißenden Zynismus einfach überspielt.

Der Wasser-Typ äußerlich: Er tendiert zu fülligen, runden, weichen Formen mit einer Neigung zum Doppelkinn und einer lässigen, vielleicht sogar schlappen Haltung. Gesichtsausdruck: Seine Mimik ist ständig auf „Empfang" und er hat eine erotische Ausstrahlung.

Positiv	**Negativ**
im ausgeglichenen Zustand	*im unausgeglichenen Zustand*

anpassungsfähig	opportunistisch
fürsorgliche, behütende	*(= sein Fähnchen in den Wind*
Liebesfähigkeit	*hängen, d.h. seine Meinung nach*
soziale Ader	*der Meinung der Allgemeinheit*
(Macht einen Partykeller erst so	*ausrichten)*
richtig gemütlich oder dekoriert dir	ängstliches Klammern
deine Bude ganz heimelig um,	dreht sich immer nur um
sorgt beim Picknick für die tollen	die eigene kleine Kacke
Extras, die jeder braucht)	und bringt andere damit
nachgiebig	schlecht drauf
einfühlsam, zart	Resignation
tiefes Mitgefühl	Weich-Ei
künstlerisch, musikalisch	zerfließt vor Selbstmitleid
guter Vermittler	zu energielos, um aus seinen
	Talenten etwas zu machen
	findet schwer einen eigenen
	Standpunkt

So kommst du am besten mit dem Wasser-Typ klar

Der Wassertyp braucht Anregungen von außen und die Gewissheit, gut aufgehoben zu sein in der Clique, in der Familie oder auch in der Partnerschaft. Sind diese Grundvoraussetzungen erfüllt, kann er sich einbringen und in seinen Aufgaben total aufgehen und das ohne Dünkel und störenden Geltungsdrang. Ein Wassertyp im Gleichgewicht ist somit ein äußerst guter, wohltuender Umgang. Besonders auch für die unausgeglichenen, hitzigen Temperamente.

Wenn du selbst ein Wasser-Typ bist

Zu allererst ist es für dich wichtig, dich selbst zu spüren *(zum Beispiel mit Hilfe von Yoga, Tai Chi und ähnlichem. Wichtig ist nur, dass du es tust!).* Dann wirst du auch nicht mehr einfach so mitgerissen werden von anderen Einflüssen, Gefühlen und Ereignissen. Aber auch die Hingabe an eine gute Sache ist ein Übungsweg für dich, deine eigenen Begrenzungen zu überwinden.
Düfte zum Zentrieren sind: Feuerräucherungen mit Artemisia *(stärkt die Lebenskraft)*, Elemi, Copal und Drachenblut.

Ein Wort zur Gesundheit des Wassertyps: Er ist ein Typ Mensch, der seinen Frust in sich hineinfrisst und so alle möglichen Krankheiten bekommen kann, die mit gestautem Schrott im Körper zu tun haben. Entgiftungskuren mit viel Wasser und Tee, besonders (schweine)fleischarme Kost und ein Sport, der hilft, Aggressionen abzubauen, sind der Tipp!

Element Luft

Grundenergie: Leichtigkeit. **Charaktereigenschaft:** Dynamisch. **Ausdrucksstärke:** Bewusstsein. **Gestaltende Kraft:** Konzeptbildend.

Bild: Steffen, 22 Jahre: „Ich kann einfach nicht treu sein. Und überhaupt, eine feste Beziehung hat doch immer was mit Zwang zu tun. Es gibt schließlich so viele schöne Mädchen. Warum sollte ich mich da weiter mit einer herumschlagen, die Stress macht. Vielleicht ist der Mensch einfach nicht für die Treue geschaffen. Spätestens nach dem vierten Treffen geht doch der ganze Mist los: Eifersucht, Zukunftspläne, Probleme mit den Eltern ... meine Güte, warum soll ich mir so das Leben vermiesen?" Hinzu kommt, dass Steffen noch ein Frauentyp ist, immer gut drauf, immer eine witzige Story parat. Nur wenn seine Freunde mal Probleme haben, klinkt er sich ganz gerne aus.
Es bleibt zu hoffen, dass da mal die Richtige aufkreuzt und ihn aus seiner lustwandelnden Sunnyboy-Welt wachküsst. Denn es lohnt sich: Aus dem aufgeblasenen Windhund-Frosch kann sich wirklich ein Prachtkerl entwickeln, denn er ist klug, erfindungsreich und mit einem ansteckenden Optimismus versehen. Tja wenn ... wenn wirklich das Herz erwacht.

Im Showgeschäft sind ganz besonders viele Luft-Typen zu finden. Da der Lufttyp seinen eigenen, realen Problemen gerne aus dem Weg geht, ist die Schauspielerei eine gute, ungefährliche Art, Gefühle zu reproduzieren. Überhaupt stellt sich der Luft-Typ gerne dar und kann sogar eine Sucht nach Auszeichnungen und Trophäen entwickeln. Aber wie gesagt: Hat der Luft-Typ seine oberflächliche Erhabenheit überwunden und denkt er nicht mehr, zu gut und gescheit für diese schnöde Welt zu sein, kann er sich tatsächlich zu einem ultimativen Typ entwickeln.

Der Luft-Typ äußerlich: Er besitzt einen schlanken, feingliedrigen bis zarten Körperbau. Ausgewogene Proportionen. Nicht selten hat er ein etwas „schiefes Lächeln" mit einem einseitig hochgezogenen Mundwinkel. Er hat einen offenen Blick und eine beschwingte Gangart.

positiv *Entwickelte Persönlichkeit*	**negativ** *Persönlichkeit nicht entwickelt*
offen	oberflächlich
ungetrübte Heiterkeit	fehlende Gefühlstiefe
ansteckender Optimismus	selbstherrlich
hohe intellektuelle Begabung	überheblich
einfallsreich	unaufrichtig
kann das Leben genießen	fehlender Tiefgang
ideenreich	kein Durchhaltevermögen
Lebensmut	übermütig
Intuition	egoistisch

So kommst du am besten mit dem Luft-Typ klar

Lass dir vom Luft-Typ nicht zu viele Seifenblasen in den Kopf setzen, denn in Luftschlössern kann man nicht wohnen. Schau dir deshalb im Umgang mit ihm genau an, was eigentlich Sache ist, denn er verschaukelt nicht nur dich, sondern auch sich selbst. Ist dein Luft-Typ allerdings eine schon etwas weiter entwickelte Persönlichkeit, hast du einen Visionär gefunden, der bei gemeinsamen Unternehmungen für die gute Laune sorgt. Hast du aber einen Luft-Typ als Gegenspieler, dann sei auf der Hut: Geistreiche Intrigen sind mit sein bestes Fach! Aber einen Trumpf hast du dabei auf jeden Fall in der Hand, denn der Luft-Typ ist immer auf seinen guten Ruf bedacht.

Wenn du selbst ein Luft-Typ bist

... dann wirst du dir mit Hilfe deiner besonderen Intelligenz schon einen Reim auf das bereits Gesagte gemacht haben. Zur Erdung und Herzöffnung empfehle ich dir wärmstens die Investition in ein echtes Rosenöl. Es ist zwar eine auf den ersten Blick kostspielige Anschaffung, aber die Wirkung ist phänomenal. Auch Räucherungen mit Myrrhe, Benzoe und tibetischem Weihrauch tun dir gut.

Neben der Einteilung in Elementtypen ist es sehr hilfreich, die Temperamente, die äußerliche Erscheinung und die persönlichen Vorlieben (Hobbys, Beruf ...) in die Beurteilung mit einzubeziehen. So bekommst du ein Gesamtbild, das den Menschen von verschiedenen Seiten beleuchtet.

Unterscheidung nach den Temperamenten

Um die verschiedenen Temperamente besser unterscheiden zu können, stelle ich dir hier erst einmal die entgegengesetzten Pole vor:

Power-Typ contra Intro-Typ: Kraft, Energie und Aufgeschlossenheit stehen im Power-Typ dem besonnenen und in sich gekehrten Intro-Typ gegenüber.

Stress-Typ contra Relax-Typ: Der ständig geladene Hektiker (Aufgepasst: Auch introvertierte Typen können auf ihre Art Hektiker sein!) steht hier im Gegensatz zum relaxten Typ, der durch seine innere Ruhe stets den Überblick behält.

Visionär contra Realist: Während der Visionär die tollsten Pläne entwirft und in die Zukunft denkt, ist der Realist eher ein Mensch der Tat mit Blick auf das Hier und Jetzt.

Manager contra Worker: Der Manager übernimmt automatisch die Führung und die Verantwortung, während der Worker kräftig zupackt, dafür jedoch einen Plan braucht.

Ein Beispiel: Ein *introvertierter Stress-Typ*, der vom Aussehen einen Kopfmenschen (s. S. 67) verkörpert und der dem Element Erde zuzuordnen ist: Das könnte ein Streber sein, der nach Schulschluss immer hektisch aus dem Klassenzimmer stürmt, weil er natürlich alle Zusatz-Aufgaben in Mathe perfekt lösen möchte. Für Verabredungen oder private Gespräche hat er gar keine Zeit. Seine Arbeit nimmt seine ganze Aufmerksamkeit in Anspruch, denn er ist sehr penibel bei der Erfüllung von Pflichten. Auf Feten, in Cafés oder Kneipen sieht man ihn so gut wie nie. Lieber spart er jeden Cent, um sich einen eigenen Roller zu kaufen. Der muss dann wirklich technisch und optisch einwandfrei sein und wird von ihm gepflegt und gehegt. Da er Dinge in der Schule supergut checkt, an denen die anderen schier verzweifeln, fragt man ihn öfters um Rat. Und er gibt diese Hilfe weiter. Zwar immer in seiner angespannten und hektischen Art, aber dennoch mit einer gewissen ehrgeizigen Gründlichkeit.

Die Temperamente im Einzelnen:

A. Der Power-Typ

Der Power-Typ ist es gewohnt, auf Menschen zuzugehen. In neuen Situationen findet er sich schnell zurecht. Er hat keine Probleme, Kontakte zu knüpfen, und sein Charme öffnet ihm alle Türen. Er sagt, was er denkt, und zwar sofort. Dadurch tritt er öfters mal jemandem auf die Füße und ist bei manch einem empfindsamen Wesen dann auch schnell als Poltergeist untendurch. Auch zieht er sich leicht den Unmut von Neidern zu: von Leuten also, die ihm den schnellen Erfolg missgönnen. Aber nichtsdestotrotz: Der Power-Typ macht seinen Weg (wenn er nicht zu leichtsinnig und übermütig ist, versteht sich). Balance und ab und an mal nach innen schauen, tut dem Power-Typ ganz gut. Beim Power-Typ ist meist das Element Feuer dominierend.

B. Der Intro-Typ

Die Aufmerksamkeit anderer zu erregen, ist nicht das Ding dieses Zeitgenossen. Hier haben wir es mehr mit dem stillen Genießer zu tun: einem Menschen, der seine Pläne erst gründlich austüftelt, bevor er sie der Allgemeinheit präsentiert. Neben dem Power-Typ sieht er häufig ein wenig blass aus. Das bringt ihm aber auch oft den Vorteil, dass man ihn unterschätzt. Hat er erst einmal zu seiner Stärke und Macht gefunden, umgibt gerade den Intro-Typ eine magische Aura. Er kann viel erreichen, wenn er an seiner Kommunikationsfähigkeit arbeitet, denn er gilt als vertrauensvoll und zuverlässig. Beim Intro-Typ bildet meist das Element Erde den Schwerpunkt, zu dem dann je nach Typ Feuer-, Wasser- oder Luftanteile hinzukommen.

C und D: Stress-Typ kontra Relax-Typ

Der Broker an der Börse, der ständig unter Anspannung steht, der Notarzt im Krankenwagen, bei dem es um Leben und Tod geht, der Spitzenkoch, der ein perfektes Sieben-Gänge-Menü auf die Minute pünktlich fertig gekocht haben muss – das sind Berufe, in denen sich der Stress-Typ wohl fühlt. Für den Relax-Typ wären diese Aufgaben hingegen der blanke Horror. Wenn er eines nicht möchte, dann ist das der Zustand innerer Unruhe. Häufig ist er in Berufen anzutreffen, die nicht auf Teamfähigkeit setzen, wie zum Beispiel Buchhändler und Gärtner.

E und F: Der Visionär und der Realist

Ein paar Leute verabreden sich an einem schönen Tag am Kölner Rheinufer, um zu grillen. Die Würstchen sind fast fertig, die Cola liegt schön kühl im Wasser, da ziehen auf einmal Gewitterwolken auf. Der Visionär verbreitet tausend Pläne, was man jetzt tun könnte. Dem Realisten gefällt die Idee des Visionärs gut, aus einer Plastikplane einen Unterstand zu bauen. Und während der Visionär mit den anderen noch über die verschiedenen Möglichkeiten diskutiert, fallen die ersten Regentropfen. Indessen hat sich der Realist längst abgesetzt, um im Dickicht einige, vom letzten Sturm abgebrochene Äste zu suchen und baut an dem Unterstand. Der Visionär macht dazu noch ein paar coole Verbesserungsvorschläge, und bevor es richtig anfängt zu regnen, sitzen alle ganz zufrieden unter der Plane und verspeisen ihre Grillwürstchen.

Der Visionär ist meist auch ein Luft- oder Wasser-Typ, der Realist dagegen meist ein Erde- oder Feuer-Typ.

G und H: Manager kontra Worker

Klassensprecher, Redakteur der Schülerzeitung, Mannschaftskapitän oder auch Bandleader – alles typische Funktionen, die der Manager-Typ mit Freude und Ehrgeiz anstrebt. Ohne hoch gestecktes Ziel fehlt dem Manager-Typ der Lebenssinn. Der Worker hingegen schert sich nicht um Amt und Würden. Seine Stärken liegen in der Ausdauer, Geduld und Zuverlässigkeit. Ein Job, bei dem er genau weiß, wo er dran ist, ohne Unsicherheiten und Risiko, sondern mit dem Lohn bar auf die Hand: Das liegt ihm viel mehr. Das Powerteam zwischen Manager- und Worker-Typ stimmt dann, wenn der Manager nicht überheblich wird und abhebt, sondern dem Worker mit Dank und Achtung begegnet. Denn nur im Team sind beide stark.

Manager: Dominierend sind bei ihm die Elemente Feuer und Erde. Luft- und Wasseranteile machen ihn umgänglich

Worker: Oft gehört er zum Element Erde mit Feueranteilen als Kraftimpulse.

Die klassische Charakterkunde arbeitet außerdem noch mit einem weiteren Charakterisierungsschema:

Die Einteilung nach der äußeren Erscheinung und den Vorlieben

Kopfmensch

Seine Erscheinung ist hager, lang und drahtig. Der Kopf mit dem Gehirnbereich dominiert die Erscheinung. Denken, ordnen und sortieren sind die charakteristischen Tätigkeiten. Der Kopfmensch kann sehr sensibel sein und hat eine gute Nase für Trends. Seine Vielseitigkeit und sein Wissen können ihn sehr beliebt und für andere Menschen attraktiv machen. Negativ wirken sich allerdings seine Gereiztheit und der Hang zum Fanatismus aus. Mathematiklehrer, Computerfreaks, Steuerbeamte und Leseratten passen am besten in das klassische Bild eines Kopfmenschen.
Element: Vorwiegend Erde, aber meist auch Feueranteile und die Fähigkeit, mit der visionären Luftenergie zu arbeiten.

Genussmensch

Der typische Genussmensch muss nicht übergewichtig sein, hat aber die Tendenz dazu. Runde Köperformen und ein gedrungener Körperbau sind typisch. Fühlen, empfinden und genießen, verbunden mit häufigen Gefühlsschwankungen kennzeichnen diesen Typus. Der Genussmensch liebt die Natur auf eine ganz besonders sinnliche Art und Weise. Er mag Blumendüfte, gutes Essen, nette Gesellschaft mit Musik und Fun. Das kann leicht in Oberflächlichkeit ausarten. Der Genussmensch hat ein starkes Harmonie- und Sicherheitsbedürfnis, das sich in negativer Weise auch in fehlender Initiative und mangelhaftem Mut zeigen kann. Allgemein gilt er als gutmütig und sehr umgänglich.
Element: Meist Wasser und die Schwere und Zentriertheit der Erdenergie.

Muskelmensch

Ein muskulöser, kräftiger Körperbau und eine sportliche Erscheinung kennzeichnen den Muskelmenschen. Für ihn zählt in erster Linie die Leistung. Oft bedeutet das für ihn tatsächlich (auch in der Freizeit), dass Leistung gleich Arbeit mal Zeit ist: Jogging wird bei ihm zum Marathonlauf, und der gemütliche Spaziergang in den Bergen gerät gerne mal zur Freeclimbing-Tour. Seelisch wirft den Muskelmenschen so schnell nichts um, und er verfolgt seine Ziele auch gegen alle Widerstände: Er ackert für sein Abi und geht am Abend noch kellnern,

um sich eine Blockhütte für Feten auf dem Grundstück seiner Eltern leisten zu können.
Element: Erde und die bewegende Kraft der Feuerenergie.

Wie du an den verschiedenen Charakterisierungen erkennen kannst, ist es wichtig zu lernen, die einzelnen Eindrücke einer Person richtig zu kombinieren. Diese ausgewogene Kombination vermittelt dir schlussendlich ein intuitives Bild dieser Person und verhindert, dass du Menschen einfach in eine Schublade steckst! Somit ist diese Art zu beobachten und zu kombinieren eine gute Vorübung für dein empathisches Empfinden. Bei komplizierten zwischenmenschlichen Beziehungen, wie du gleich in dem Gespräch zwischen Tina und Dirk sehen kannst, kommt man mit reinen Vernunftargumenten oft einfach nicht weiter.

ENTWICKLE EMPATHIE!
Vom außenstehenden Beobachter zum Mitfühlenden und Miterlebenden

„URTEILE NICHT ÜBER EINEN MENSCHEN, BEVOR DU NICHT EINEN TAG IN SEINEN MOKASSINS GEGANGEN BIST."
Indianische Weisheit

by Fana!

Dirk: „Frauen sind für mich so schrecklich undurchschaubar. Und immer sehen sie alles von der emotionalen Seite, wollen jedes belanglose Detail haarklein erklärt bekommen. Und wenn ich dann was erzähle, werde ich gleich mit den tollsten Ratschlägen zugelabert. Als wenn ich mir nicht alleine helfen könnte! Im Grunde weiß ich gar nicht, was die Mädels eigentlich von mir wollen."

Tina: „ ... also mein Freund schweigt dauernd einfach vor sich hin. Und ich habe keine Ahnung, was da bei ihm alles abgeht. Jedenfalls kann mich das wahnsinnig machen! Ich möchte einfach wissen, was er so denkt und fühlt. Ich meine, man muss doch über alles miteinander reden können, wenn man sich liebt. Manchmal habe ich das Gefühl, dass er es gar nicht ernst mit mir meint."

Gerade an den beiden klassischen Polen „typisch männlich" contra „typisch weiblich" hilft nur noch ein besonders hoher Grad an Einfühlungsvermögen, um Krieg zu verhindern.

Wer an diese Geschichten bloß mit dem Kopf herangehen möchte, wird meist in unfruchtbaren Vorurteilen steckenbleiben und nicht sehr weit kommen. Für Dirk zum Beispiel ist dieses Vor-sich-hin-Schweigen ganz normal. Es bedarf keiner Erklärung. Er möchte damit seine Freundin auch nicht kränken oder Ähnliches. Für Tina hingegen bedeutet das gleiche Schweigen aber etwas völlig anderes: Ihr ist es unheimlich. Sie empfindet es als seltsam, wenn man nicht miteinander redet. Sie glaubt, dass Dirk ein Problem hat oder er sie nicht mehr mag.

Keiner von beiden hat jedoch Recht oder Unrecht. Hier begegnen sich einfach zwei unterschiedliche Lebenskonzepte. Und weil das Leben gerade durch solche Gegensätze erst so richtig spannend wird, ziehen sich diese Gegensätze ja bekanntlich auch an – und entweder es gibt irgendwann einen schrecklichen Knall in dieser Freundschaft, oder beide lernen voneinander und diese Beziehung ist besonders intensiv.

Aber auch augenscheinliche Signale wie zum Beispiel Abwehr oder das typische „Lass mich in Ruhe" sind nicht immer unbedingt so gemeint, wie sie beim anderen ankommen. Verlegenheitsgesten zum Beispiel sollen von wahren Gedanken und Gefühlen ablenken. So mancher baut sich auch aus Unsicherheit eine Mauer aus undurchdringlicher Stärke und Ablehnung. Dabei handelt es sich hier um nichts weiter als um reine Fassade, denn die Angst, verletzt zu werden, geht um. So manche Reaktionen, die uns verletzen, sind kein böser Wille, sondern nur fehlendes Selbstbewusstsein und fehlendes Einfühlungsvermögen.

Die folgende Übung hilft dir, die Gefühle anderer besser zu verstehen:

Übung: An Extremen lässt sich's ja am besten lernen:

Beobachte mal ganz genau eine Person, mit der du gar nicht zurechtkommst. Achte darauf, wie sie sich bewegt, wie sie lacht oder wie sie schaut, wenn sie sich unbeobachtet fühlt.

Später dann, in aller Ruhe und am besten zu Hause, rufst du dir deine Beobachtungen ins Gedächtnis zurück. Dabei ist es entscheidend, dass du in dir deine Gefühle, die du als Beobachter hattest, wieder wachrufst und nicht deine Gedanken über diese Person!

Probiere diese Übung mit einer guten Freundin und versuche mit ihr ein Rollenspiel: Deine Freundin spielt dich und du die Person, mit der du Schwierigkeiten hast. Bei dieser Übung geht es nicht nur um reine Schauspielerei: Es geht vielmehr darum, dass du dich in diese Person hineinfühlst, dass du in ihre Haut schlüpfst. Das ist mehr als nur ein plumpes Nachäffen, denn wenn du dich wirklich in diesen anderen Menschen hineinversetzt, beginnst du, wie diese Person zu fühlen. Unterhaltet euch beide in euren Rollen miteinander. Suche innerhalb dieser Rollenspiele nach Lösungen und Wegen, wie ihr euch besser verstehen könntet. Stelle Fragen, die du dieser Person im echten Leben nicht stellen kannst. Du wirst über die Wirkung überrascht sein: Spätestens dann, wenn du diesem Menschen wieder begegnest.

Aber ACHTUNG: Verfalle nicht der Versuchung, innerhalb dieser Übung über jemanden abzulästern oder dich über ihn lächerlich zu machen, denn wie so oft kann die negative Absicht eine gute Übung in ihr Gegenteil verkehren. In diesem Fall bedeutet das, dass du deine Beziehung zu diesem Menschen eventuell durch so ein Verhalten noch weiter verschlechterst. Und was hätte das für einen Sinn?

Wenn du im Moment ein Problem mit jemandem hast, aber keine Freundin zur Hand:
Nimm dir einfach irgendeinen Gegenstand (eine kleine Figur, Steine, Muscheln ...) und mache sie zu Stellvertretern für dein Rollenspiel. Wichtig ist nur, dass du dir einen Moment lang Zeit nimmst, um ein Gefühl für die Person zu bekommen, die du darstellen möchtest. Du wirst verblüfft sein: Schon ein solch einfaches Rollenspiel ist in der Lage, ein problematisches Verhältnis zu entspannen. Und wenn du merkst, dass in dieser Beziehung die Konflikte doch komplizierter sind, als erst einmal angenommen und dass du alleine nicht weiterkommst: Hole dir Rat bei einer Fachkraft, die übrigens teilweise auch mit solchen Methoden arbeiten!

„Und wie war das mit den fremden Mokassins, in denen ich einen Tag lang gehen soll?"

Das ist nicht nur sinnbildlich gemeint! Schuhe passen sich ganz individuell dem Fuß und der Gangart eines Menschen an. Schon nach etwa zwei Stunden, die du in neuen Schuhen läufst, hast du diesem Schuh deine individuelle Form aufgedrückt. Wenn du aber absolut die falsche Schuhgröße hast, um mal die Schuhe mit deinem Freund oder deiner Freundin zu tauschen, dann lauft einfach mal barfuß im Sand oder im Matsch, jeder in den Spuren des anderen. Geht langsam und im Rhythmus des Atems und versucht, in den Gang des anderen Menschen richtig hineinzuspüren. Es lohnt sich, denn der Gang eines Menschen sagt sehr viel über ihn aus. Ist ein Mensch beispielsweise bedrückt, senkt er den Blick und geht mit hängenden Schultern, mehr nach vorne gebeugt. Der Gang ist schwer und stampfend. Der Gang eines fröhlichen Menschen ist dagegen leicht und beschwingt. Und der Fuß, der beim Gehen schön abgerollt wird, zeigt einen Menschen, der im Gleichgewicht mit den Kräften steht. Der typische, weltvergessene Künstler, mit dem Kopf in den Wolken, scheint regelrecht über den Boden zu schweben und den Fuß scheinbar immer ein wenig zu spät auf die Erde aufzusetzen. Ein schwerer, fersenbetonter Gang verrät hingegen einen Menschen, der stark im Materiellen verhaftet ist. Ein Mensch, der chronisch depressiv, also schwermütig ist, wird langsam und steif daherkommen. Seinen Bewegungen fehlt der Elan, die rhythmische Kraft. Aber auch hohes oder auch modisches Schuhwerk kann schuld an einer unnatürlichen Gangart sein (es ist wirklich fast unmöglich, in Schuhen mit hohem Absatz entspannt und natürlich zu gehen).
Es macht nicht nur Spaß, verschiedene Gangarten auszuprobieren, es hilft dir auch, deine eigene Haltung bewusster zu erleben.

„Wie oben, so unten, wie außen, so innen."

Diese alte hermetische Weisheit ist auch in diesem Fall gültig: Deine äußere Haltung spiegelt deine innere Haltung wider. Angeborene Merkmale wie Figur und Körperbau eines Menschen sind nicht alleine für deine Ausstrahlung verantwortlich. Die Kraft der Ausstrahlung lässt sich über die äußere Haltung schulen.

Ein ewig misstrauischer, naserümpfender Mensch zum Beispiel wird früher oder später dieses Naserümpfen gar nicht mehr loswerden. Zu sehr haben sich die unwillkürlichen Bewegungen in Form von Falten ins Gesicht eingegraben. Der Hochmütige trägt seinen Kopf hoch und erhaben und würdigt die da unten keines Blickes. Eines Tages wird seine Erhabenheit zur Steifheit werden. Ein offener, freundlicher Mensch wird im Alter zwar nicht um die Falten herumkommen, durch die Beweglichkeit seiner Mimik wirkt sein Gesicht jedoch auch in späten Jahren noch schön und jung.

Du siehst also, dass auch Bewegung und Mimik eine wichtige Brücke sind, einen Menschen zu erspüren.

Mimik: So nennt man den Ausdruck des Gesichtes. Ganze 17 unserer 20 Gesichtsmuskeln sind allein für die Mimik zuständig! Offene, kontaktfreudige und auch geistig wendige Menschen haben eine besonders ausgeprägte Mimik. Verschlossene, selbstbezogene und starre Charaktere laufen häufig immer mit dem gleichen Gesichtsausdruck herum. Und auch bei besonderen Anlässen „verziehen" sie kaum eine Miene.

Gestik: Neben dem Gesichtsausdruck bringen auch Hände und Arme, ja der ganze Körper, Botschaften zum Ausdruck. Manche Menschen „gestikulieren" mit den Händen wild in der Luft herum, wenn sie etwas besonders Wichtiges erklären wollen. Andere gehen mit dem ganzen Körper mit. Auch hier ist die Harmonie oder Disharmonie der Bewegungen und Bewegungsabläufe ein wichtiges Merkmal, um einen Menschen einzuschätzen.

Interessant ist dazu diese Übung, die du während eines Gesprächs machen kannst:

Übung: *Talking dance* (Synchronbewegungen)

Beobachte einmal ganz genau die Bewegungen und Gesten deines Gesprächspartners. Versuche, während deiner Unterhaltung auf seine Bewegungen mit eigenen Gesten einzugehen, sie spielerisch mitzumachen oder zu beantworten: Dein Partner lehnt sich entspannt zurück, du tust es ihm gleich. Er stützt sich während des Gesprächs auf dem Tisch auf, du legst auch die Hände auf den Tisch usw. Selbstverständlich musst du das dezent tun, sonst kommt sich der andere schnell verschaukelt vor.

Harmonische, aufeinander abgestimmte Bewegungen und ähnliche Gesten im Gespräch signalisieren Übereinstimmung, Verständnis und Vertrautheit. Ist ja auch logisch: Unbewusst spürt dein Partner, dass du auf ihn eingehst, mit ihm mitschwingst.

Empathie üben: vom außenstehenden Beobachter zum Mitfühlenden und Miterlebenden

Technik: Die Angel auswerfen

Eine Methode, um sich in Menschen hineinzufühlen, möchte ich hier „die Angel auswerfen" nennen. Dabei geht es natürlich nicht darum, einen möglichst dicken Fisch zu fangen ... Ich denke da eher an Spiderman, der sich mit diesen praktischen Seilen, die aus seinen Händen schießen, an jeder Wand hochziehen kann. Das Seil, das ich auswerfe, um einem Menschen näher zu kommen, zieht diesen Menschen förmlich näher zu mir heran. Und die Seile oder auch Fäden sind aus dem Stoff, der bekanntlich in der Lage ist, alle Grenzen zu sprengen: Ich spreche hier von der **Kraft der Liebe**. Ein liebevoller Blick, der einen Punkt (also einen Ankerplatz) an diesem Menschen findet, der liebenswert ist: Sei es die Art, versonnen dreinzuschauen, ein Grübchen in den Wangen oder nur die ungewöhnliche Art und Weise, ein Brötchen zu verdrücken. Jeder Mensch hat etwas, das ihn liebenswert macht. Das ist etwas ganz Individuelles, etwas Einzigartiges und eben Liebenswertes. Und der liebevolle Blick ist es, der dein Herz öffnet und dir damit auch die Weisheit des Herzens erschließt. Und wie heißt es auch so schön: **Das Herz ist die weiseste Instanz.** Sobald dein Herz offen ist, stehst du quasi auf einem inneren Surfbrett und surfst auf einer großen, warmen Welle empathischer Weisheit.

Es ist dieser gewisse „Herzensblick", mit dem du der Falle entgehst, Menschen zu verurteilen, statt sie konstruktiv* zu verstehen.

*Konstruktiv ist das Gegenteil von destruktiv und bedeutet „sinnvoll, aufbauend, zusammenfügend", während destruktiv in diesem Zusammenhang mit „sinnlos, zerstörend" am besten übersetzt ist.

WARNUNG!

Zu lernen, die liebevollen Seiten von anderen Menschen zu erspüren, soll jetzt nicht bedeuten, die Realität nur einseitig wahrzunehmen. Natürlich kennen auch so manch andere Leute die Regeln und Gesetze, wie Vertrauen und Sympathie aufgebaut werden. Und so ist es also kein Wunder, dass es genügend Menschen gibt, die dieses Wissen hemmungslos ausnutzen. Skrupellose Verkäufer zum Beispiel nutzen ihre emotionalen Kenntnisse aus, um dir alles Mögliche vorzumachen und anzudrehen. **Die Übungen zur Empathie müssen daher auch immer mit Übungen zur inneren Sammlung, der Menschenkenntnis und mit Übungen zum Selbstschutz einhergehen, damit du stark bist und nicht manipuliert wirst.** Achte auf deinen gesunden Instinkt, um Manipulation oder (ganz wichtig!) Gefahren wahrzunehmen. Nimm deine Instinkte in dieser Richtung ernst! Wenn du ein komisches Gefühl hast mit einem Menschen, nimm es ernst!

Eine Falle sind auch Freundschaften, die drohen in innere Abhängigkeit abzugleiten, weil beide Partner miteinander verschmelzen wollen. **Dieses „miteinander Verschmelzen" funktioniert aber im richtigen Leben und auf dieser Erde nicht ohne Nebenwirkungen!** Jeder Mensch muss zu allererst einmal sich selbst entdecken und spüren. Erst dann hat er die Kraft, Reife und auch die Fülle, an einer Zweisamkeit zu bauen. **Es gibt somit kein „WIR" ohne ein ganz klares und entwickeltes „ICH" und „DU".** So ist auch in Beziehungen jeder zuerst einmal für sich selbst und für seine eigene Entwicklung und sein Handeln verantwortlich.

KAPITEL IV

FINDE ZUR QUELLE DER EIGENEN MACHT

„Wenn ich ganz und gar da bin, mich spüre, den Kontakt aufrecht erhalte zu meinem inneren Tempel, nur dann bin ich wirklich von der Macht getragen."

Drachenbilder

Manche Menschen behaupten, es seien nichts weiter als ausgestorbene Dinosaurier, Fabelwesen oder Ausgeburten der Fantasie. Andere wiederum sind sich sicher, sie leben noch heute mitten unter uns. Die Rede ist von **Drachen**.

In allen Kulturen ranken sich Märchen und Legenden um diese **mächtigen** Wesen. Mal besaßen sie mehrere Köpfe, mal zwei oder auch vier Beine. Ein anderes Mal ähnelten sie geflügelten Riesenschlangen und wieder andere werden als Mischwesen mit Menschen- oder Dämonenköpfen dargestellt. Drachentöter fürchteten den Atem des Drachens, denn er brachte Tod und Verderben. Auch ihr Blut galt als starkes Gift und gleichzeitig auch geheimnisvolles Heil- und Zaubermittel.

Drachenzähne, -knochen und -hautschuppen waren äußerst begehrte Handelswaren und Zutaten geheimer Zaubertränke. Manche Drachen lebten in den Untiefen der Meere oder in einsamen Seen. Andere hausten in dunklen Höhlen, versteckt in den Gebirgen oder auch in unzugänglichen Sümpfen. Viele Drachen spieen Feuer und so manche Legende erzählt von einem **außergewöhnlichen Edelstein** auf ihrer Stirn (der sog. „Dracontias"), dem große magische Kräfte zugeschrieben wurden.

In unserem westlichen Kulturkreis befreiten in Märchen und Sagen mutige Helden die schönen Prinzessinnen aus den Klauen dieser gefürchteten Ungeheuer. Auch finden sich Erzählungen über feuerspeiende Untiere, die Dörfer niederbrannten und ganze Landstriche verwüsteten. Zur Besänftigung sollen ihnen sogar Menschen geopfert worden sein. Drachen werden im christlich geprägten Kulturkreis im Allgemeinen als gierige, hässliche und böse Wesen der Unterwelt dargestellt. Als die Einzigen weit und breit in deutschen Landen, sollen die **Augsburger Bürger Drachenfreunde** gewesen sein. Es wird erzählt, dass Alchemisten, Hexen und gebildetes Volk gerne mit den besonders klugen und sprechenden Drachen philosophiert haben sollen, bis die Kirche den Kontakt mit diesen „dämonischen" Wesen unter Androhung strenger Strafen verbat. Es gab also auch Ausnahmen, aber alles in allem überwiegt im Westen ein negatives Drachenbild: Der Drache muss getötet werden, er muss sterben, um das „Gute" zu retten. Der Lohn ist dann eine süße Braut, Gold oder sogar ein ganzes Königreich.

Ein ganz anderes Bild vom Drachen vermittelt uns die östliche Sichtweise:
In asiatischen Legenden ist oft die Rede von Dracheneiern, die wie Steine aussehen und tausend Jahre völlig unauffällig im Gebirge herumliegen. Aus Versehen hat dann wohl ein japanischer Künstler einmal einen solchen schönen „Stein" mit in sein Haus genommen und (da Drachen-Eier immer leicht feucht sind) als Tuschestein benutzt! Es stellte sich rasch heraus, dass das dann doch kein Tuschestein war: Just als der Stein auf seinem Schreibtisch lag, bohrte sich das anfangs schlangenartige Drachenbaby ein Loch aus seinem Ei und kroch heraus. In rasendem Tempo wurde das winzige Drachenbaby größer und immer größer. Begleitet von heftigen Blitzen und Donnerschlägen durchbrach dann schließlich der ausgewachsene Drache das Hausdach und flog davon. Das Haus war daraufhin natürlich völlig zerstört!
In dieser und ähnlichen Legenden spiegeln sich verschiedene morgenländische Aspekte der Drachenenergie wider:
Zum einen sind es die für menschliche Maßstäbe ungewöhnlichen Zeiträume, in denen Drachen denken und leben. Denn Zeit hat für Drachen eine andere Bedeutung.
Außerdem kannst du an der Geschichte die Vorstellung erkennen, dass man Drachen besser in Ruhe lässt, da sie am falschen Ort oder wenn sie gestört werden, Unheil anrichten können.
Und dann siehst du auch noch die Verbindung der Drachenenergie mit den Naturgewalten, besonders mit Blitz und Donner.

Vor allem im östlichen Kulturkreis, besonders auch in Japan und China, kann der Drache jedoch auch Glück und Segen verheißen. Dort erzählen die Mythen und Legenden vom Bemühen der Menschen, die Drachenenergie zu besänftigen, sie zu verstehen und zu ehren. **Teilweise führen chinesische Kaiser ihre bevorzugte Herkunft auf die Abstammung von einem Drachen zurück.** Drachen haben ihre eigenen Gesetze und Ordnungsprinzipien. Wenn die Menschen dieses natürliche Gleichgewicht respektieren und Eingriffe in die Natur vermeiden oder auf irgendeine Weise wieder ausgleichen, dann leben Drachen und Menschen in Frieden miteinander. Aber wehe dem, der die Ordnung stört: Hemmungsloses Chaos und Zerstörung, Unwetter, Katastrophen und persönliches Unglück werden als Folgen einer Missachtung dieser Balance angesehen.

Welches Drachenbild kann nun heilsame, helfende Auswirkungen haben?

Der Tanz mit dem Drachen

So einfach wie in unseren guten alten Märchen lässt sich die Welt leider nicht in gut und böse unterteilen. Und mit dieser schwer zu durchschauenden Welt, in einer Welt in der die Kulturen zusammenwachsen, entwickeln sich auch die Bilder und Geschichten weiter. Nach neusten Theorien wurde das Drachenbild wahrscheinlich vor mehr als 6.000 Jahren aus China nach Europa „importiert". Bis heute hat sich der Drache bei uns vollkommen konträr zum östlichen Drachenbild entwickelt: Der Drache steht im Westen also für das Böse, bringt Tod und Verderben und symbolisiert die niederen menschlichen Triebe. Dem steht der Drache des östlichen Kulturbereichs gegenüber: Er steht für Macht, Stärke und die Urkraft und Weisheit der Naturgesetze. Erst jetzt, mit dem westlichen Interesse am **Feng Shui**, der chinesischen Lehre vom Gleichgewicht der Kräfte, beginnt das chinesische Drachenbild wieder, unser Bewusstsein zu erobern. Die Drachenenergie kannst du überall erkennen, denn jedes Ding hat zwei Seiten. **Sexualität** zum Beispiel, ist ja an sich auch weder gut noch schlecht. Verantwortungsvoll gelebte Sexualität verbindet die Menschen in Liebe miteinander, befreit angestaute Energien und kann wirklich ein großes Stück Selbsterfahrung beinhalten. **Sexua-**

lität jedoch, die zu Abhängigkeit führt, die krankhaft ist oder die die Menschenwürde verletzt, verhindert die Entfaltung der Menschlichkeit. So gesehen ist Sexualität also eine Urgewalt, die sich auf verschiedene Arten darstellen kann. Sie zu unterdrücken oder gar abzutöten ist keine Lösung, denn **auch für menschliche Urbedürfnisse gilt das Gesetz der Gefühle, die sich immer ihren Weg bahnen werden – egal wie!**

Der Drache ist also nicht zu reduzieren auf eine bedrohliche Metapher chaotischer Urkräfte und der triebhaften, zu bezwingenden Natur. In ein ganzheitliches Weltbild übertragen bedeutet eine Missachtung der Urkraft der Drachenenergie, einen wichtigen Teil unseres natürlichen Wesens und unserer ureigenen Kraft zu ignorieren.

Die Drachenenergie muss beachtet, gewürdigt und ins menschliche Leben bewusst integriert werden. Nur so entseht ein Gleichgewicht der Kräfte, und nur so ist ein Mensch im vollen Besitz seiner Macht. Dabei ist es ist ganz entscheidend zu lernen, welche Seite der Drachenkraft dich gerade mit deinem inneren Impuls anspricht. Bringt diese Kraft gerade Verwirrung und Chaos oder Liebe und Ermächtigung? Diese Unterscheidung zu meistern ist der Weg der Erkenntnis. Ein Weg, den jeder gehen muss, der seine innere Macht wecken möchte. Schlussendlich steht die Drachenenergie also für die urgewaltige Lebensenergie in jedem Menschen. Und diese Energie sendet Impulse aus, die dir den Elan geben, Dinge in Angriff zu nehmen und dein Leben zu gestalten. Menschen in depressiven Zuständen fehlt dieser Impuls und damit auch der ungehinderte Zugang zu ihrer Lebensenergie.

Jedem ist klar, dass man nicht allen Impulsen einfach nachgeben kann. Aber unterdrücken ist, wie du weißt, auch keine Lösung. Wie lerne ich nun, diese Kräfte zu lenken und zu unterscheiden?

Ein Impuls ist, ganz sachlich betrachtet, vergleichbar mit einem elektrischen Strom, der in dir fließt. Diese Energie kann oft ganz plötzlich und unvermittelt auftauchen. Am besten lässt sich das am Beispiel der Verliebtheit erklären:

Da gibt es diesen supersüßen Typ an deiner Schule. Wenn du mit ihm sprichst, fängt dein Herz an zu rasen und kalte Schauer laufen dir über den Rücken. Es ist wirklich so, als ob dich „ein Schlag trifft",

wenn du ihn siehst *(... der Impuls der Drachenenergie bahnt sich seinen Weg!)*. Deine Hände werden kalt, und du fängst am ganzen Leib an zu zittern. Der übliche Weg ist, dass sich jetzt der Kopf einschaltet und dieses Gefühl regulieren möchte, denn dieser Traumtyp hat ja leider einen ganz gewaltigen Schönheitsfehler: Er ist der Freund deiner besten Freundin. Baff! Dein Kopf fängt also an, gegen dein Gefühl zu arbeiten und du sagst dir selbst Sachen wie: *„Du darfst so nicht fühlen! Er ist der Lover deiner allerbesten Freundin! Nimm dich zusammen ..."* Du fängst an zu leiden. Denn ab und zu musst du ja doch so ein wenig an eurer Romanze herumweben, das lässt sich einfach nicht vermeiden: *„Wäre das jetzt toll mit ihm ins Kino zu gehen ... Wenn er jetzt den Arm um mich legen würde ... Hat er mich eben nicht ganz besonders lange angeschaut und gelächelt?"* **Bauchweh, Herzschmerz und Seifenblasen rauben dir die Energie.** Aber versuche, dir über das eine klar zu werden: Das eigentliche Leiden liegt gar nicht in der Tatsache, dass er nicht dein Lover sein kann: **Das wirkliche Leiden entsteht in deinem Kopf!** Denn statt dich mit diesem reinen Impuls, dieser starken Energie zu verbinden, arbeitest du gegen sie an. Du willst sie verdrängen. Aber warum eigentlich? Weil du ein festes Konzept hast, einen fertigen Plan im Kopf, wie eine Beziehung zwischen Mann und Frau auszusehen hat. Und da du an diesem inneren Konzept festhältst, fehlt dir die Kreativität, um mit diesem **Energie-Impuls** produktiv, also sinnvoll, umzugehen. Dann jedoch schlägt der Chaos-Drache zu. Liebe macht blind, heißt es. Aber es ist nicht die wirkliche Liebe, die blind macht: Es sind die Seifenblasen und die Illusionen einer **romantischen Liebe**, die unsere ganzen Energiesysteme durcheinander wirbeln. Dabei ist es erst einmal gut und wichtig, dass es solche starken Impulse gibt: Sie sind wunderbare Gelegenheiten, um den Weg zu unserer tiefen Kraft zu finden. **Wie Leuchtraketen geben starke Gefühle den Blick frei auf dein tatsächliches Potenzial, deine eigentliche Größe.** Und wenn du dir die Zeit nimmst, den Ursprung einer solchen Leuchtrakete zurückzuverfolgen, stehst du direkt vor der Eingangstüre zu deinem inneren Tempel.

Meditation, die Arbeit mit positiven Zaubersprüchen und Übungen, beziehungsweise die ernsthafte Beschäftigung mit Gebeten und Ritualen können dir helfen, mit diesen Impulsen umzugehen. Betrachte diese Techniken als ein Werkzeug, das du in den Händen hältst, als eine Krücke, die dir zur Seite steht, wenn die große rote Flut der Emotionen heranrollt.

Wenn du gelernt hast, mit diesen Werkzeugen zu arbeiten, sie richtig und gezielt einzusetzen, wirst du weder in den Flammen der Wut verbrennen noch im Meer der Tränen ertrinken.

Für deine Arbeit mit der Drachenenergie ist es sehr hilfreich, nicht nur theoretisches Wissen im Kopf zu haben. Nachfolgend gebe ich dir einige Bilder, über die du nachdenken und die du vor deinem inneren Auge zum Leben erwecken kannst. Auch wenn dir das Gedicht erst einmal unverständlich vorkommen mag: Lies es mehrmals, vielleicht auch laut – der Sinn wird sich dir auf unterschiedlichen Ebenen erschließen!

Für die Arbeit mit der Drachenenergie

Meister der Drachenkraft

...

**Stellt sich dem sinnbetäubten Narr
sein innerer Tempel nur so dar,
als sei er bloß mit List versiegelt.**

...

**Gib gut acht:
Drakomai – er ist erwacht
und spielt ganz üble Spiele;
verwirrt Gedanken, verzerrt die Lebensziele.
Und um die Seele und den Geist
senkt sich die schwere tote Nacht.**

...

Und deine Macht – sie scheint verloren.

...

**Rüttelt nun der Echte,
der geübt im Lieben und Gerechte
an diesem reich verschnürten Tor:
Fürchte dich nicht!**

...

**Lungo enthüllt sein doppeltes Gesicht!
Trotzend der Gewaltenglut
erwächst vielleicht der Lohn für jenen Mut,
der eine ungebrochne Sehnsuchtswelt beweist:
Die Macht, das tiefe weisheitsvolle Licht.**

...

Und nichts ist wie zuvor.

Die Wächter am Tor zum inneren Tempel

Lungo ist der Drache des Morgenlandes. Der Bewahrer und Hüter der Erdschätze. Er repräsentiert die urmütterliche Kraft, die geführt und gebändigt Fruchtbarkeit und kreative Inspiration verheißt. Missachtet, verdrängt oder verstoßen zeigt sich diese Drachenkraft in wildem, alles verschlingendem Chaos – die Urnatur in ungezügelter Form. Nur wenn du diesen Drachen ehrst, ihn als Ratgeber achtest und auf ihn hörst, wirst du aus der reinen Quelle trinken und vielleicht einmal das Tor zum inneren Tempel durchschreiten dürfen.

Drakomai ist der Drache des Abendlandes und der Unterwelt. Ihm ist die menschliche Freiheit zuwider. Er verhindert Erkenntnis und geistig-spirituelles Wachstum. Er sät Missgunst und Verwirrung und zieht all die mit in den Abgrund, die nicht dem wärmenden Licht des Herzens, sondern dem blendenden Schein Luzifers folgen. Täuschung und List sind seine Stärken. Erst vernebelt er dir die Sinne, so dass du nicht mehr das Wahre vom Falschen unterscheiden kannst, dann zaubert er dir eine Scheinwelt, in der nur du der König bist. Dort hält er dich gefangen und nährt sich von deiner Lebensenergie.

Mit diesen beiden Drachen, Drakomai und Lungo, verhält es sich ähnlich wie mit dem **Orakel von Delphi:** Seriöse Quellen berichten von zwei Drachen, die jenen **Kraft-Ort** bewohnten, an dem der griechische Gott Apollon seinen Orakel-Tempel errichten wollte. Apollon bekämpfte und tötete die weibliche drakaina namens Delphyne. Sie symbolisierte den Tod, die Vergangenheit und die Ego-Kraft des Menschen. Mit Phyton aber, dem zweiten Drachen, schloss Apollon einen Bund. Die positive Drachenkraft wurde so zur tragenden Energie des Orakels. (Übrigens wurden die Orakel-Priesterinnen später nach diesem Drachen Phyton auch **Phytiden** genannt. In einigen Büchern steht zwar, Apollon habe Phyton erschlagen. Dieser Irrtum geht aber wahrscheinlich auf eine Verwechslung der damaligen Geschichtsschreiber mit Apollons Feind Thypon zurück.) Die beiden Drachen stehen auch hier für die beiden Aspekte der Lebensenergie: Auf der einen Seite gibt es das alles verschlingende Chaos, die Welt der Dämonen. Auf der anderen Seite steht der Drache, der die positive Lebenskraft symbolisiert. Beide Drachen aber sind nur die Wächter am Tor zu deinem inneren Tempel. Sie geben dir einen Geschmack von der Kraft, die im Inneren des Tempels wohnt. Sie

hüten die Quelle der Macht, die am Fuß deines inneren Tempels fließt. Und wenn du die Aufgaben, die das Leben dir stellt, entsprechend meisterst, darfst du dein wahres Selbst, dein Spiegelbild in dieser reinen Quelle erkennen. Du darfst von dieser Quelle trinken und dich stärken.

Ganzheitlich gesehen hilft die Arbeit mit der Vorstellung von zwei Drachen dabei, mit offenen Augen und wachsamer Aufmerksamkeit an emotionale Probleme heranzutreten, und gerade die Zeit der Pubertät ist der Lebensabschnitt, um sich der eigenen Drachenkraft bewusst zu stellen. Du musst von der Existenz dieser unterschiedlich ausgerichteten **Drachenenergie** wissen, um dich für einen sinnvollen Einsatz dieser Macht entscheiden zu können. Gerade Situationen, in denen die Drachenimpulse überdeutlich zu fühlen sind, bieten dir den geeigneten Rahmen zum Üben: Also – auf ins Turnier!

Mit dem Drachen fliegen

Übung, um überschießende Energien umzuwandeln
(Anzuwenden z. B. bei übermäßiger Verliebtheit, Lampenfieber, plötzlichen Wutgefühlen)

Sorge dafür, dass du eine halbe Stunde wirklich ungestört sein kannst.
Leg dich flach auf den Rücken und atme ruhig und entspannt. Sicher merkst du sehr bald ein Ziehen im Bauch, eine Aufgeregtheit, die sich scheinbar im Kreise dreht. Atme mehrmals ganz tief durch und spüre dabei in diese Energiestrudel hinein. Entspanne dich! Spüre, wo du verkrampft bist und lass diese Muskelanspannung mit dem Atem einfach los. Lass die Energien in dir einfach nur frei fließen. Egal, wie stark dir deine Gefühle auf den ersten Blick vorkommen, du schaffst das!
Wenn Gedanken in dir aufsteigen oder du anfängst, über das Problem nachzugrübeln: Versuche, zu deinem Atem zurückzukehren und dich sanft von deinen Gedanken zu verabschieden. Lass sie einfach ziehen, so wie weiße Wolkentürme am Himmel vorüberziehen.
Leg jetzt deine rechte Hand auf den Bauch und die linke auf den Solarplexus. (Das ist der Punkt, wo der obere Teil vom Magen sitzt. Du erkennst diesen Punkt als eine Vertiefung zwischen den Rippen.) Sage in Gedanken dann leise vor dich hin: „Ich bin ganz ruhig und entspannt." Dieser Satz kommt aus dem autogenen Training und wirkt wie eine Zauberformel. Und sollte dir vor lauter Energie etwas schwindelig im Kopf werden: Atme tief durch und wiederhole die Zauberformel.

Ich möchte an dieser Stelle nicht darüber sprechen, was du jetzt mit der Übung erleben kannst, musst oder sollst, denn jede fremde Erfahrung könnte dich unter eine Art Leistungsdruck setzen und dich blockieren. Außerdem: Bei dieser Übung geht es vom Prinzip her ja gerade um das reine Betrachten, das einfach Geschehen-Lassen, ohne wertend oder manipulierend einzugreifen. Dieser Weg ist dein ganz persönlicher Weg und niemand kann letztlich sagen, was das Schicksal, die universelle Schöpferkraft und ihre Gnade (oder wie immer du es auch nennen möchtest) für dich vorgesehen hat.

Du kannst zwar die Schritte in die richtige Richtung gehen – eine Garantie für die letztendliche Ermächtigung, wirklich den inneren Tempel betreten zu dürfen, kann dir niemand geben. Die Tür kann sich unvermittelt öffnen, dann, wenn du es gar nicht erwartest. Es kann aber auch sein, dass du immer wieder im Kreis zu laufen scheinst und oberflächlich gesehen nichts passiert. Oder dass gerade in dem Moment, in dem du denkst, die Pforte zu deinem inneren Tempel betreten zu haben, sich diese unvermittelt wieder vor dir schließt.

Menschen verschiedener mystischer Traditionen berichten von den Erfahrungen, die sie beim Eintritt in den inneren Tempel gemacht haben. Buddhisten nennen es Erleuchtung, christliche Mystiker sprechen von gottgesandten Visionen, islamische Sufis nennen diese Zustände „Hal" und die schamanistischen Traditionen erzählen von visionären Trancezuständen.

Was du auf jeden Fall mit dem Wissen und den Übungen in diesem Buch erreichen kannst, ist, die Quelle der Macht mehr und mehr freizulegen. Zudem lernst du die Drachenkräfte zu unterscheiden und kannst dich so mehr und mehr deinem Tempel annähern.

Mythologien, Sagen und Märchen erzählen viele Geschichten über gefährliche Reisen und Irrwege junger Helden. Meist waren es Männer, die im besten Alter auszogen, um Prüfungen zu bestehen und innerliche Reife zu erlangen. Eine der bekanntesten ist sicher die Irrfahrt des Odysseus.

Bei genauerer Betrachtung ist ja gerade diese so genannte Irrfahrt des Odysseus eine Reifeprüfung. (Man spricht auch von einer Odyssee. Dieses Wort hast du sicher schon oft im Zusammenhang mit vertrackten Situationen gehört.) Mut, Geduld, Ausdauer, Glaube, Willensstärke, Treue, Liebe, Kameradschaft – auf alle möglichen Tugenden wurde Odysseus bis ins Extrem hinein geprüft. Und sein Leben ist so zu einem viel diskutierten und besungenen Lehrstück abendländischer Moral und Ethik geworden. Odysseus war edel und schlau, aber auch listig und verwegen. Manchmal wurde er schwach – zum Beispiel als die schöne Nymphe Kalypso ihn umgarnte. Aber immer musste er sein Abweichen vom rechten Pfad teuer bezahlen. Im Fall mit der verführerischen Kalypso sogar mit sieben langen Jahren, die er einfach irgendwie verschlafen hat, ohne es zu merken. (Man bedenke, dass seine treue Frau Penelope und sein heiß geliebter Sohn warteten und warteten ...)

Was ich mit dieser Geschichte sagen möchte? **Die Prüfungen gehören dazu, sie sind das Leben.** Du kannst darauf vorbereitet sein, aber sich davor zu drücken, hieße, deiner inneren Macht den Rücken zuzukehren! Du kannst im Bewusstsein leben, dass das Leben für dich solche Prüfungen bereithält und dich damit immer wieder aufrichten und einorden. Und oft entpuppen sich die Ereignisse, die dir erst wie Niederlagen vorkommen, als wichtige Einweihungen in den tieferen Sinn des Lebens. Die Voraussetzung ist natürlich, dass du es schaffst, eine positive Betrachtungsweise zu finden. Und wenn diese positive Betrachtungsweise auch von vielen Menschen abwertend als „Glaube" bezeichnet wird:

Wenn ein Glaube Gutes hervorbringt, stützt und stärkt – warum sollte man sich dann stattdessen einer bitteren Medizin zuwenden, oder selbst bitter werden?

Find your own way – live your inner spirit!

Für Risiken und Nebenwirkungen bei falscher oder unsachgemäßer Anwendung der Übungen übernehmen weder die Autorin noch der Verlag eine Gewähr.

Wecke die Macht in dir! Ergänzende Übungen

Diesen Teil der Übungen werde ich mit einer Geschichte beginnen. Einer wahren Geschichte über die Macht der Gedanken und die Macht fremder, negativer Programmierungen:

Keine Panik

Es war ein schöner Sommertag, als ich meinen damals 17-jährigen Neffen Joe und seine Mutter in Bayern besuchte. Will, Joes Mutter, wollte sich etwas ausruhen, und so starteten nur Joe und ich zu einem kleinen Rundgang an der frischen Luft. Als absoluter Wald-Fan fühlte ich mich magisch von der faszinierenden Natur angezogen, und aus diesem kleinen „Spaziergang" wurde plötzlich eine spontane Walderkundung mit Bergkamm-Ersteigung. Als Moselaner Flachländerin (unsere „Berge" werden von Bayern nur mitleidig „Hügel" genannt) waren mir die bayrischen Dimensionen nicht so ganz bewusst. Munter und ohne mich auch nur einmal umzusehen, folgte ich meinem Neffen und war stolz darauf, so gut mithalten zu können. Etwa in der Mitte des Berghangs allerdings machte ich den verhängnisvollen Fehler, mich einmal umzusehen. Ganz spontan konnte ich mich beim ersten Blick noch über die tolle Aussicht freuen. Beim zweiten Blick allerdings schoss mir urplötzlich folgender Gedanke in den Kopf:
– „Ach, Herr je – ich bin ja gar nicht schwindelfrei!" *(Das hatte ich also bis zu dem Zeitpunkt vergessen ...)* Eine erste heiße Panik-Welle durchflutete mich. „Hier komm ich nie wieder heil runter!" , war auch schon der nächste Gedanke und außerdem spukte mir die vorwurfsvolle Stimme von Joes Mutter im Kopf herum: „ ... wie kann man als Mutter von vier Kindern nur so unvernünftig sein und einfach auf einen Berg steigen, obwohl man sich nicht auskennt. Und dunkel wird's auch schon und nicht mal richtige Schuhe habt ihr an."

Also malte ich mir vor meinem inneren Auge schon eine groß angelegte Rettungsaktion mit Bergwacht und Rettungshubschrauber aus. Während ich mich so in meine Angst hineinsteigerte, wurden meine Knie immer weicher, und ich konnte nicht mehr gerade am Berghang stehen. Joe schien überhaupt nicht zu merken, was in mir gerade vorging, und kletterte frisch und frei weiter. Ich musste mich indess hinsetzen und krallte meine Hände in den feuchten, erdig duftenden Waldboden. Mir war total schwindelig. Am Himmel über mir zogen Wolken auf. Donnergrollen war zu hören. „Was tun wir, wenn jetzt ein Gewitter aufzieht, Joe?" schrie ich, aber er hörte mich nicht. In Panik und Angstschweiß blieb ich mit meinem inneren, selbstgedrehten Horrorfilm alleine.
In diesem Moment, als meine irrationale Angst schon fast unerträglich anschwoll, schaltete sich plötzlich mein „Notfallprogramm" ein. Ich erinnerte mich wieder daran, wer und wo ich eigentlich war. Meine nüchterne Bestandsaufnahme lautete: „Ich sitze hier sicher und bequem. Die Erde duftet, die Aussicht ist fantastisch. Bis jetzt

habe ich das ganz prima gemacht. Die Schwerkraft funktioniert hier oben genauso wie auf unseren mickrigen Moselbergen …" Aber die eigentliche Beruhigung, meine Zentrierung, lief über den bewussten **Atem** und die emotionale Konzentration auf das Hier und Jetzt. Zwar erst noch auf allen Vieren, aber zunehmend sicherer und froh, erreichte ich nun den Bergkamm. Dort wartete schon ein fantastischer großer Stein auf mich, ideal um sich für eine ausgedehnte Meditation darauf zu setzen. Joe hatte es sich auf einem Baum direkt über der Schlucht bequem gemacht und ließ die Beine baumeln. Ich hatte es geschafft, und den Abstieg würde ich auch schaffen. Eine wunderschöne, ruhige und starke Kraft breitete sich in mir aus. Ich sah zu Joe hinüber und lächelte ihm zu. Er wusste nichts von meinen innerlichen Kämpfen – allerdings auch nichts von der Kraft, die ich plötzlich in mir fühlte.

P.S.: Das so genannte „Notfallprogramm" konnte übrigens nur deshalb wie von selbst starten, weil sich durch beständiges Üben spirituelle Techniken in meinem Unterbewusstsein verankert hatten.

Die penetrante Skepsis und die zu allen möglichen Anlässen ausgesprochenen negativen Zaubersprüche von Joes Mutter hatte ich zwar nie bewusst an mich herangelassen. Dennoch hatten sich ihre Zweifel und Negativprognosen klammheimlich in mein Unterbewusstsein versenkt, um mich in einem Moment persönlicher Schwäche plötzlich zu überrumpeln. (Das ist übrigens eine typische Dämonentaktik!)

Neue Wege gehen

Anwendungsgebiete: verfahrene Situationen, ein Gefühl von Aussichtslosigkeit, Langeweile, Überdruss

Was du brauchst: etwas Pioniergeist

Die Alchemie des Bewusstseins

Wie oben so unten. Wie außen so innen. Wie im Mikrokosmos so auch im Makrokosmos. Diese Philosophie ist schon sehr alt (1500-5000 Jahre) und sie stammt von Hermes Trismegistos. Die so genannte hermetische Weisheit ist eine zentrale Erkenntnis der Alchemie. Und die Alchemie war und ist sozusagen die „Hexenküche" der Magier, Zauberer und Weisheitssucher. Alchemisten, heute wie damals, forschen und brauen, experimentieren und studieren auf der Suche (nicht nur!) nach dem „Stein der Weisen". Dieser geheimnisvolle Stein ist keine Erfindung von Harry-Potter-Autorin Rowland. Es heißt, diesen Stein gab und gibt es wirklich. So manchem Alchemisten sei es tatsächlich gelungen, ihn herzustellen. Die Herstellung des sagenumwobenen Steines ging auch immer Hand in Hand mit der seelischen Reife und Verwandlung des forschenden Alchemisten selbst. In Wirklichkeit soll dieser mächtige Zauberstein auch kein fester Gegenstand, sondern ein Pulver sein. Diesem Pulver wird die Macht zugeschrieben, Stoffe zu verwandeln. So zum Beispiel auch unedle Metalle in Gold. Diese Eigenschaft finden natürlich viele Leute äußerst verlockend und sie ist ein entscheidender Grund, warum dieser „Stein der Weisen" so heiß begehrt ist und Alchemisten im Mittelalter besonders gut bezahlte Leute waren.

Aber nun zur Übung:

Wenn du innerlich nicht mehr weiter weißt und eine Lösung suchst, wenn du einfach keine neue Idee hast, eine Sache anzugehen ...

Achte mal darauf, in wieweit du auch im Außen, also im täglichen Leben, immer die gleichen Wege gehst: den Weg zur Schule, den Weg zu deiner Freundin, den Weg zum Kiosk. Wie wäre es mal mit einem Umweg? Nimm doch einfach mal einen Trampelpfad, auch wenn du dir da evtl. schmutzige Schuhe holst. (Das mit dem Trampelpfad ist für Leute aus der Stadt möglicherweise ein schlechtes

Beispiel – aber du weißt sicher, was ich meine.) Neue Wege im Außen eröffnen dir auch immer neue Wege in deinem Inneren. Und am besten macht man eine solche Exkursion zu Fuß. Das ist übrigens auch als „Paarübung" – also mit deinem Freund oder deiner Freundin – gut dazu geeignet, eingefahrene Geschichten wieder aufzulockern. Neue Wege bringen immer neue Gedanken mit sich. Auch das Eintauchen in die Stille einer Kirche oder Kapelle kann ein neuer Weg sein, der Denkrichtungen eröffnet ....

Übung: Ganz da – ganz ich

Selbstbewusstsein

Lass dir dieses Wort einmal auf der Zunge zergehen: **Dir deiner Selbst bewusst sein** bedeutet auch im ganz entscheidenden Maße, dass du deinen Körper wirklich spürst. Ja, auch die Fettpölsterchen, die du so gerne versteckst, oder die leicht abstehenden Ohren, für die du dich vielleicht schämst. Robbie Williams scheint sich dafür jedenfalls nicht zu schämen. Und genau da liegt der Hase auch im Pfeffer: Robbie Williams trägt seine Segelöhrchen zur Schau, als seien sie das Normalste der Welt – und alle Welt findet ihn süß und sexy. Oder der weltberühmte Charlie Chaplin: Er sah nur gerade mal durchschnittlich gut aus – aber sein Charme und sein Selbstbewusstsein machten ihn für Frauen unwiderstehlich. Und Charlie Chaplin kannte seinen Körper. Wer einmal einen Chaplin-Film gesehen hat, wird feststellen, wie alles an ihm, jede Bewegung und jeder Muskel, mit seinem Bewusstsein angefüllt war.

(**Achtung Stolperfalle:** Verwechsle Selbstbewusstsein nicht mit der unechten Variante des Selbstbewusstseins, dem Hochmut, also dem Eingebildetsein.)

Jetzt zur praktischen Übung:

Ob dick oder dünn, schön oder hässlich, sieh den Tatsachen ins Auge, zum Beispiel nach dem Baden. Besorge dir eine Massagebürste und etwas Arnika- oder Jojobaöl. (Achtung: Jojobaöl lässt Fettzellen verschwinden, also nicht anwenden, wenn du diesen Effekt eben nicht gebrauchen kannst!) Das Bürsten deines Körpers mit Arnikaöl fördert die Durchblutung und damit die Sauerstoffzufuhr. Gleichzeitig wird der Abtransport von Stoffwechselprodukten aus deinen Zellen beschleunigt. Schau dich beim Bürsten

deines Körpers im Spiegel an, aber bitte ohne abwertende oder eingebildete Kommentare. Sieh einfach nur das, was ist, ohne Wertung. Natürlich wachsen deine Haut, Muskeln und Fettzellen prinzipiell ohne deine bewusste Anteilnahme. Die Natur hat dieses Programm so eingerichtet, dass du normalerweise keinen Gedanken darauf verwenden musst. Aber damit ist ja nicht gesagt, dass unser Bewusstsein keine Macht über diese Funktionen hat. Um die Macht darüber zu gewinnen, bedarf es nur einiger Übung. Manche Yogis widmen ihr ganzes Leben diesem Übungsweg! Sag mal ganz ehrlich: Hast du in deinem Leben jemals wirklich ganz bewusst versucht, Kontakt zu deinem Körper aufzunehmen? Hast du jemals versucht, in deine Hände, deine Beine, deine Haut wirklich hineinzufühlen? Wie oft behandelt man den eigenen Körper wie ein notwendiges Übel, das man mit sich herumschleppen muss. Zwängt ihn in einengende Synthetikklamotten, lässt die Haut in der Sonne vertrocknen oder schmiert sich irgendwelche cadmiumverseuchten Püderchen darauf.

Dieser Massageübung könnte ich eigentlich ein ganzes Buch widmen. **Aber wenn dir die Macht deines Bewusstseins erst einmal klar geworden ist, wirst du bald selbst herausfinden, wie weit dein Bewusstsein auch Einfluss auf deinen Körper ausüben kann!** Nur ein kleines Beispiel: Ungeliebte Hüften bewegen sich steif und wirken deshalb unattraktiv. Hüften, die von dir geliebt werden, wirst du ganz anders bewegen. Und das, egal ob du wie Miss Twiggy aussiehst oder ob du süße Fettpölsterchen hast. Alleine durch diese freieren Bewegungen werden andere Muskeln beansprucht, deine Durchblutung und Haltung verbessert sowie deine Proportionen harmonischer betont. Von der spirituellen Ausstrahlung ganz zu schweigen ...

MEMO-TECHNIK

Im Kapitel: **„Anerkennen, was ist"** hast du einen Einblick bekommen, inwieweit negative Zaubersprüche deine Kraft blockieren können. Nachfolgend gebe ich dir einige **positive Formeln** an die Hand. Du kannst dir einen Spruch heraussuchen, der dir besonders gut tut. Du kannst von diesen Sprüchen auch kleine Karten herstellen und jeden Morgen, am besten noch vor dem Frühstück, oder abends vor dem Einschlafen, einen Spruch als Tageslosung auswählen. Nützlich ist es auch, vor Prüfungen oder anderen schwierigen Situationen eine solche Karte bei sich zu tragen, öfters zu berühren und zu lesen. Wichtig ist es dabei, sich beim Aufsagen oder Denken der Formeln gezielt mit dem Atem zu verbinden.

Ich fühle meinen Atem.
Ich verbinde mich mit
meinem Atem.

Ich bin ruhig und
entspannt.
Ich bleibe
in meiner Mitte.

Mein Ärger ist
eine starke Kraft.
Ich nutze sie weise.

IV

*Ich vertraue
meinem inneren Licht.*

*Was auch heute geschieht –
ich nehme es an.
Ich vertraue der tiefen
Weisheit des Lebens.*

*Ich habe getan,
was ich tun konnte.
Alles ist in Ordnung.*

**Vor schwierigen Entscheidungen oder
wichtigen Treffen**

*Ich verbinde mich
mit meiner inneren Macht.
Ich vertraue der
Führung des Lichts.*

*Ich bin ganz hier.
Ich bin ganz ich.*

*Ich bin ruhig
und entspannt.
Ich strahle von innen.*

Es ist für mich gesorgt!

**Wichtig ist nicht,
was geschieht.
Wichtig ist,
wie ich damit umgehe.**

**Meine Mitmenschen
sind mein Spiegelbild.
Ich verbinde mich
mit meinem inneren Licht,
auch in schwierigen
Situationen.**

Ich danke für den Tag.

Ich fühle die Macht.
Ich atme das Licht.
Ich strahle
von innen heraus.

Ich verzeihe mir.
Ich verzeihe dir.

Heute spare ich an Worten
und schenke diese Kraft
meiner inneren Macht.

Deine Vision

Wer bin ich?
Wer möchte ich sein?
Wo will ich hin?
Was möchte ich erreichen?
Was möchte ich wirklich gerne tun?
Was macht mich in meinem Leben wirklich glücklich?
Wann bin ich zufrieden?

Es gibt einfach Dinge, die lassen sich am besten in Geschichten ausdrücken:

Meine Geschichte mit Visionen

Die Macht der Visualisierung (eine Technik, an Visionen zu arbeiten und sie in die Welt zu bringen) von Wünschen war mir schon einige Jahre bekannt, und ich setzte sie auch ein, um bestimmte Dinge auf den Weg zu bringen. Aber irgendetwas schien ich total falsch zu machen. Meine Vision von einem geeigneten Haus zum Beispiel: Die erste Wohnung war dunkel und klein, und ich wollte aufs Land. Wir fanden ein Haus, hell und groß – aber als wir dort wohnten, merkten wir, dass der Platz irgendwie völlig falsch war. Wir konnten dort keine Wurzeln schlagen und kamen uns auf dieser windigen Anhöhe wie ein Blatt im Wind vor. Beim nächsten Haus stimmten Platz, Größe und Helligkeit – aber die Nachbarn nicht! Direkt neben uns wohnten die Vermieter, die sich anscheinend einen Spaß daraus machten, alle zwei Jahre ihre Mieter wieder aus dem Haus zu ekeln ...
Irgendwann einmal traf ich ganz in der Nähe vom Chiemsee einen sehr interessanten Menschen. Den Schriftsteller und Seminarleiter Josef Adam Mazur. Und als ich mir anhörte, was dieser Mann erzählte, fiel mir auf, mit welcher Sicherheit er von der Umsetzung seiner Visionen sprach. In mir stieg das deutliche Gefühl auf, dass er etwas gefunden hatte, das ich übersehen haben musste. **Und wirklich: Während ich mir den Kopf zermarterte, wie mein Wunschhaus auszusehen hat, es sogar mit Legosteinen nachbaute, vernachlässigte ich das Wichtigste: das starke, tragfähige Gefühl für die Sache.**

Das Gefühl für die Sache, das Gefühl für die Vision, ist das Fundament, auf dem diese Vision steht. Unsicherheiten, Ängste und Unklarheiten nagen an diesem Fundament oder geben der Vision eine ungewollte Richtung. Wie man ja an meinem Häuserbeispiel sehen kann. Kein Mensch kann tatsächlich alle Umstände mit dem Verstand bedenken und berechnen. Träume hat jeder und Träume sind ja auch gut, denn sie entspannen und beschwingen. Vorausgesetzt natürlich, es sind keine Albträume. Auf alle Fälle heißt träumen auch wieder aufwachen. Die Kraft der Vision aber geht weit über die Möglichkeiten von bloßen Träumen hinaus. Visionen sind keine Träume. Visionen sind innere Schauungen, an denen ich bauen kann, die im Einklang mit der „Realität" stehen und selbst in sich das Potenzial haben, zur Realität zu werden. Eine persönliche Vision steht immer im Einklang oder zumindest in Verbindung mit dem, was war, mit dem, was jetzt gerade ist und dem, was einmal sein kann. Ein Traum kann höchstens ein Grundimpuls für eine Vision sein.

Das Leben hat so viele Überraschungen und Variationen auf Lager. Gottes Wege sind unergründlich – heißt es so schön. Gerade beim Wünschen und Visualisieren sollte man sehr gründlich vorgehen. So seltsam es vielleicht klingen mag: Wünsche können sich auch auf unbequeme Weise erfüllen, wie du an der nächsten Geschichte sehen kannst:

co by Fana!

Die Love-Story von Nana und Anna

In einem fernen Land, in einer kleinen Stadt, lebten einmal ein Mann und eine Frau. Die Frau hieß Anna und der Mann Nana. Sie kannten sich schon von klein auf und ihnen war in ihrer Seele klar, dass sie füreinander bestimmt waren. Eines Tages stritten Nana und Anna sich jedoch heftig und trennten sich. Er packte sein Bündel und zog aus in den Wald, um nie wiederzukehren. Da begegnete er einem gehässigen Waldgeist, der sich einen Spaß daraus machte, Menschen ins Unglück zu führen. *(Anders ausgedrückt ist der Waldgeist ein Dämon, der von dem verlorenen Glück seiner Opfer lebt.)* Dieser Waldgnom zeigte Nana ein Video von Las Vegas mit tollen Frauen, schnellen Autos und dem ganzen Glitzern vom Glitter-Flitter-Lotter-Leben. „Jetzt hast du zwei Wünsche frei". Nana war ganz hin und weg von diesem Video. Er war sich plötzlich sicher, dass das langweilige Leben, das er bis jetzt im Dorf geführt hatte, nichts mehr für ihn sei. Und seine liebe, brave Anna erschien ihm ebenfalls schrecklich langweilig und doof. Wer will schon bis ans Ende seiner Tage Holz sammeln und Beerenpflücken?
„Also was wünschst du dir?" fragte der listige Waldgeist.
„Ich möchte natürlich in Las Vegas leben und natürlich möchte ich auch später, wenn ich alt bin, eine tolle Traumfrau an meiner Seite haben."

by Fana!

„Kein Problem", sagte der Waldgeist und grinste „... du bekommst auch deine Traumfrau, aber das kann eine kleine Weile dauern ..." Und schon war Nana in Las Vegas. Aber stell dir einmal die beschissene Situation für Nana in Las Vegas vor. Sein Leben dort glich nicht im Mindesten dem, was er sich erträumt hatte! Er wusste schließlich nichts vom Leben dort. Und natürlich hatte er ja auch vergessen, sich viel Geld zu wünschen. Also lief er mit seinen alten Klamotten in diesem Trubel Jahr um Jahr verzweifelt umher, lebte von Almosen und hielt Ausschau nach seiner Traumfrau. Zwanzig Jahre lebte er so und hatte schon fast alle Hoffnung aufgegeben. Völlig verwirrt und erschöpft saß der gute Nana irgendwann einmal in einer Ecke und weinte. Da hörte er plötzlich eine bekannte Stimme seinen Namen rufen. „Hallo Nana – ich bin's!" Er traute seinen Augen nicht – aus dem Dunkel kam seine Anna hervor und beide fielen sich in die Arme. Denn auch sie war den Verführungen des Waldgeistes auf den Leim gegangen. So hatten sie zwar ihre schöne Heimat verloren und zwanzig Jahre ihres Lebens für eine unreife Vision vertan, aber gegen ihren tiefen Wunsch, ein Traumpaar zu sein, konnte zum Glück selbst der Waldgeist nichts ausrichten.

Mit diesem Buch hast du gelernt, dich mit deiner inneren Macht zu verbinden, sie zu spüren und zum Guten zu nutzen. Und in guter Zusammenarbeit mit deiner inneren Macht wirst du auch in der Lage sein, tragfähige Visionen für dein Leben zu entwickeln.

Ich wünsche dir eine gute Reise – und sei sehr gewissenhaft beim Wünschen!

Gabriela d'Albert

Danksagung

Mein ganz besonderer Dank gilt vor allem meinen supertollen
Kindern: Sebastian, Jasmin, Malika und Ananda, für ihre Geduld,
für ihr Verständnis und ihr aufgeschlossenes Seelenleben.

Bina Rüsung von Radecki und Dorothee Palm für die menschliche
und fachliche Unterstützung.

Peter Scherer, Sandra Scherer, Niloa Nedialkov und Hubert Grunow
für ihre Freundschaft und Hilfe.

Yan d'Albert für sein gewissenhaftes Lektorat.

Und der Macht. Jener alles verbindenden Liebe und Weisheit,
die mir die Inspiration und die wirklich ganz unglaubliche Begegnung
mit meinem Seelenpartner zum Geschenk gemacht hat.

Gabriela d'Albert, Dezember 2002

Bibliografische Information Der Deutschen Bibliothek
Die Deutsche Bibliothek verzeichnet diese Publikation in der
Deutschen Nationalbibliografie; detaillierte bibliografische Daten
sind im Internet über http://dnb.ddb.de abrufbar.

1. Auflage 2003
Copyright by Egmont vgs verlagsgesellschaft, Köln 2003
Alle Rechte vorbehalten
© des ProSieben-Titel-Logos mit freundlicher Genehmigung der
ProSieben Television GmbH

Illustrationen: © by Fana! (Gabriela d'Albert)

Lektorat: Eva Neisser
Produktion: Angelika Rekowski
Umschlaggestaltung: Sens, Köln
Satz und Layout: So.Wie?So!, Köln/Karen Kühne, Köln
Druck: Clausen & Bosse, Leck
Printed in Germany
ISBN 3-8025-2998-7
Besuchen Sie unsere Homepage: www.vgs.de

Maja Sonderbergh
**DAS BUCH
DER SCHATTEN**
112 Seiten · ISBN 3-8025-2850-6

Maja Sonderbergh
**DAS BUCH
DER ZAUBERSPRÜCHE**
112 Seiten · ISBN 3-8025-2493-4

Maja Sonderbergh
**DAS BUCH
DER ZAUBERTRÄNKE**
Die wirksamsten Rezepturen und
magischen Sprüche
112 Seiten · ISBN 3-8025-2952-9

Tamara Morgenstern
GEHEIME LIEBESZAUBER
Verschollene Kapitel aus dem
Buch der Schatten
128 Seiten · ISBN 3-8025-2567-1

Maja Sonderbergh
HEXENAKADEMIE
Bist du bereit? Prüfe dein Wissen!
128 Seiten · ISBN 3-8025-2954-5

Maria May
ZAUBERPOWER
Magische Hexentipps
112 Seiten · ISBN 3-8025-1451-3

Maria May
ASTROTIPPS FÜR HEXEN
Was die Sterne über dich und
eine Zukunft verraten
2 Seiten · ISBN 3-8025-1490-4

Karin Schramm
**ZAUBERHAFTE
HEXENSPRÜCHE**
Liebe, Glück und Freundschaft
112 Seiten · ISBN 3-8025-2733-X

Yan d'Albert
DAS BUCH DER MAGIE
Von Abracadabra bis Zauberkräuter
144 Seiten · ISBN 3-8025-2924-3

Maria May
HANDLESEN FÜR HEXEN
28 Seiten · ISBN 3-8025-2953-7

Maja Sonderbergh
**DAS GEHEIME
HEXENORAKEL**
aus dem Buch der Schatten
112 Seiten · ISBN 3-8025-3222-8

Yan d'Albert
**DAS BUCH DER
MAGISCHEN RITUALE**
Liebe, Freundschaft, Hexenkult
144 Seiten · ISBN 3-8025-2962-6

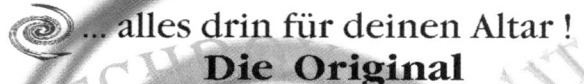